기후, 환경, 그리고 우리

: 정치외교학도들의 이야기

GLOBAL CLIMATE AND ENVIRONMENT:
NARRATIVES OF STUDENTS OF POLITICAL STUDIES

기후, 환경, 그리고 우리
: 정치외교학도들의 이야기

류주연·김주혜·한재승·조수민·박지연·이은서·은용수 함께 지음

한양대학교 출판부

서문

2019년 12월, 한양대학교출판부에서 출간된 『대중의 국제정치학』의 서문에서 나는 이렇게 적었다. "국제정치는 너무 중요하기에 학자들에게만 맡겨둘 수 없다!" 3년이 지난 지금도 나는 같은 생각을 한다. 아니, 오히려 더욱 확고해지고 있다. 특히 이번 글묶음을 가로지르는 큰 주제를 상기해보면 더욱 그렇다. 『기후, 환경, 그리고 우리: 정치외교학도들의 이야기』라는 제목에서 알 수 있듯, 금번 저서는 지구온난화에 의한 기후위기와 환경문제를 핵심 주제로 다루고 있다. 이는 국제정치 "전문가"로 불리는 특정한 집단만의 문제가 결코 아니다. 직업, 나이, 성별, 지역 등 인간사회의 모든 분절선들을 넘어 인류 전체의 문제이며, 우리 모두에게 "실존적 위협"이 될 수 있는 문제이다. 지금, 여기, 그리고 우리 모두 함께 고민하고 행동에 나서야 할 문

제인 것이다. 물론 지구온난화와 같은 환경문제를 논하는
정부나 기업의 보고서 혹은 학자들의 연구문헌들은 이미
다수 출간된 바 있고, 그것으로부터 얻을 수 있는 정보와
교훈 역시 매우 크다는 것도 사실이다. 그럼에도 학생들의
시선에서 분석하고, 학생들의 문제의식으로 해법을 찾아
보고자 하는 시도는 찾아보기 매우 어렵다. 왜일까? 파급
력, 전문성, 효용성 등 많은 이유를 댈 수 있을 것이다. 보
다 근원적인 차원에서 나는, 학생을 지식의 생산주체로 인
정하지 않는, 즉 학생은 강의실에서 지식을 습득하는 수용
자라는, 통상적인 우리네 사회인식에 그 이유가 있다고 생
각한다.

　이러한 통념에 나는 이렇게 답하고 싶다. 그리고 이 답
은 2022년 11월 25일, 개최되었던 한양대 정치외교학과
"모의국회" 축사에서 내가 한 말의 변용이기도 하다. "일각
에서는 학생들이 주도하는 시민정치적 접근에 회의적인
시선을 보낼 수도 있습니다. "전문가"들에 의해 문제를 푸
는 것이 효과적이라는 것입니다. 세상이 바뀌려면 전문성
이나 권력을 갖고 있는 전문가들이나 정부가 움직여야 한
다는 전통적인 시각이지요. 물론 학생주도의 프로젝트로
세상이 당장 바뀌지는 않을 것입니다. 하지만 분명한 것이

있습니다. 그러한 시민정치적 고민과 행동 없이 바뀌는 세상도 없다는 것입니다."

나는 지식의 생산자와 수용자 사이에 우리(한국) 사회가 주조해놓은 수직의 그 견고한 다리를 차근차근 허물어, 모두가 생산자이며 또한 모두가 수용자가 될 수 있는 얽힘의 지식장이 만들어지길 바란다. 그래서이다. 2019년 12월, 출간된『대중의 국제정치학』서문을 다시금 아래 덧붙인다. 지식생산의 시민적 주체로서 학생들의 저술작업은 2019년에도, 2023년도에도, 그리고 앞으로도 지속될 것이기 때문이고, 당시 학생들과 함께 했던 나의 생각과 마음이 지금도 변하지 않았기 때문이다.

"역사는 너무 중요하기에 학자들에게만 맡겨둘 수 없다." 영국의 저명한 역사'학자' 라파엘 새뮤엘Raphael Samuel의 말이다. 무슨 뜻일까? 새뮤엘이 언급하고 있는 역사는 과거에 발생한 사건들의 집합으로써의 역사가 아니라 그러한 사건들에 대한 기억과 기록, 즉 서술로써의 역사를 말한다. 그리고 이것이 "너무나도 중요"한 이유는 역사서술이 과거에 대한 객관적 재현을 넘어 현재를 판단하고 나아가 미래를 조망하는 매우 중요한 지표가 되기 때문이며, 이는 다양한 사회집단, 민족, 종교, 국가들 간의 '헤게모니'

투쟁으로 종종 점화되곤 하기 때문이다.

어찌 보면 역사서술에서 무엇을 포함inclusion 하고, 무엇을 배제exclusion 할 것인가, 라는 선택의 질문은 현실정치에서 지속적으로 발생하는 헤게모니 투쟁의 출발점이라고 할 수 있다. 역사의 서술주체가 다양화되어야 하는 이유도 바로 여기에 있으며, 새뮤엘이 역사를 '학자'에게만 맡겨둘 수 없다고 천명한 이유도 이것이다. 제도권(즉 대학이나 연구소)에서 역사를 전문적으로 전공하고 연구하는 역사'학자'들의 역사기록과 서술은 물론 중요하다. 하지만 그것이 "너무나도 중요한" 역사를 충분히 포괄하고 있다고 할 수 없다. 특히, 국가중심, 권력자 중심의 통상적인 역사서술에서 배제되어 있거나 주변부로 내몰려 있었던 일반대중들은 헤게모니라는 장field 자체에 발을 들여놓지도 못한 채, 그저 주어진 역사서술의 한 '객체'로 포섭되곤 한다. 이를 극복하기 위해서는 바로 그 대중이 서술의 '주체'가 될 필요가 있는 것이다. 대중에 의한, 대중을 위한, 대중의 역사서술이 요청되는 이유다. 구술사, 생애사, 마을사등, 생활세계에 밀착한 역사서술과 역사재현이 제도권의 역사연구와 함께 활발히 진행되어야만 우리는 비로소 역사의 무게를 조금이나마 감당할 수 있을 것이다.

이러한 문제의식이 국제정치학에서도 그대로 적용되어야 한다고, 나는 생각한다. "국제정치는 너무 중요하기에 학자들에게만 맡겨 둘 수 없다!" 특히나 국제정치는 권력자들 간의 헤게모니 투쟁이 일국적 경계 내부에 머무르지 않고 전쟁, 분쟁, 경제위기, 기후위기 등 초국적 문제로 국경을 넘어 수많은 세계시민들의 일상에 직접적이며 나아가 존재론적인 영향을 끼치는 영역이다. 그럼에도 일반대중은 그저 제도권 학자들의 연구대상으로만 머물러 있다. 통상적인 국제정치연구서에서 사람과 시민은 잘 보이지 않는다. 국가(혹은 권력을 행사할 수 있는 소수의 정책결정자)만이 주요한 분석단위로 설정되어 있을 뿐이다. 그러나 국제정치가 갖고 있는 엄중한 일상적이고 세속적인 함의와 파급력을 다시금 상기해보면 연구와 서술의 주체가 학자에서 시민(대중)들로 좀 더 확장될 필요는 명확해진다.

안보를 예로 들어보자. 국제정치연구에서 일반적으로 이해되는 안보는 국가중심이다. 즉 국가를 기본 단위로 하여 이들 간의 군사적 경쟁, 긴장, 위협, 충돌의 가능성 혹은 그것의 관리 및 통제라는 맥락에서 안보연구가 진행되는 측면이 크다. 그리고 여기서 안보제공자와 안보수혜자의 관계는 국가-국민으로 단순 일원화되곤 한다. 그러나 이와 같은 전통적인 안보연구에서는 개개인의 안보(불안)이 무엇이지 알기 어렵다. 그들은 무엇에 불안해 하며, 무엇에 공포를 느끼고, 또한 왜 그렇게 느끼는지, 이러한 질문들은 국가 중심적 안보연구에서 제기되지 않기 때문이다. 그러나 개개인이 일상에서 매일 느끼고 경험하는 두려움, 불안, 폭력의 종류, 정도, 범위는 매우 다르고 그에 대한 태도와 반응 역시도 매우 상이하다. 나아가 만약 모두가 '국가안보'가 안보의 핵심대상이라는 점에 동의한다 하더라도, 국가 안보의 의미가 무엇인지, 어떤 가치가 국가안보를 구성하는 것인지 등에 대한 개개인의 판단과 느끼는 감정은 바로 그 개개인이 어떤 상황과 위치에 있느냐에 따라 크게 다를 수 있다. 이러한 안보의 "맥락 구속성" 혹은 "위치구속성"을 고려할 때 안보연구는 국가중심에서 사람중심으로, 그리고 전쟁중심에서 일상과 평화중심으로 그 초점을 옮겨볼 필요가 있다. 결국에 안보란 존재자가 겪는 위협, 불안, 두려움으로부터 해방되는 것을 의미하며, 그러한 위협, 불안, 두려움은 시민대중들의 '삶과 터'에 따라 매우 상이하게 규정될 수 있기 때문이다."

본서에 실린 여섯 개의 장들은 바로 이처럼 국제정치문제의 해결을 위해서는 학계의 내부가 아닌 그것의 경계을 넘어 생활세계의 다양한 관점과 내러티브가 필요하다는 전제를 공유한다. 요컨대 국제정치 지식생산주체의 확장을 앎과 실천의 핵심가치로 삼고 있는 것이다. 이를 통해 우리 모두의 실존적 문제라고 할 수 있는 기후위기와 지구환경이슈를 시민주체인 학생들의 시선으로 고민하고 학생들의 언어로 풀어낸 것이라고 할 수 있다.

　물론 제도권의 "전문가"들이 작성한 논문이나 저서와 비교해보면 본서에 실린 학생들의 글에 완성도가 부족해 보일 수도 있다. 그러나 "전문가"처럼 쓴다고 무조건 좋은 글이라고 할 수도 없고, 그렇게 쓴다고 문제해결이 더 잘 된다고 보장할 수도 없다. 이보다 더 중요한 것은 지구생태계의 문제, 글로벌 환경의 문제를 나의 문제로 여기고, 내가 역능의 주체가 되어 지식의 생산자 역할을 적극적으로 수행하는 것이다. 청년시민으로서, 또한 대중지식인으로서 본서를 작성한 김주혜, 류주연, 박지연, 이은서, 조수민, 한재승은 국제정치의 객체에서 주체로 한걸음 나아갔다고, 나는 믿는다. 물론 그들의 한걸음은 작아 보이고, 걸음의 속도는 더디어 보일 수 있다. 하지만 그러한 한 걸음들이 차곡차곡 쌓여 조금은 더 평등하고, 조금은 더 자유롭고, 조금은 더 창조적인 세계로 나아가는 길이 만들어질 것이라고 나는 확신한다. 그 길을 함께 걸어가고 있는, 그리고 앞으로도 함께 걸어갈 우리 한양대학교 정치외교학과 학생들에게 깊은 감사의 마음을 전한다.

2022년 12월 마지막 날, 행당동에서

은용수

차례

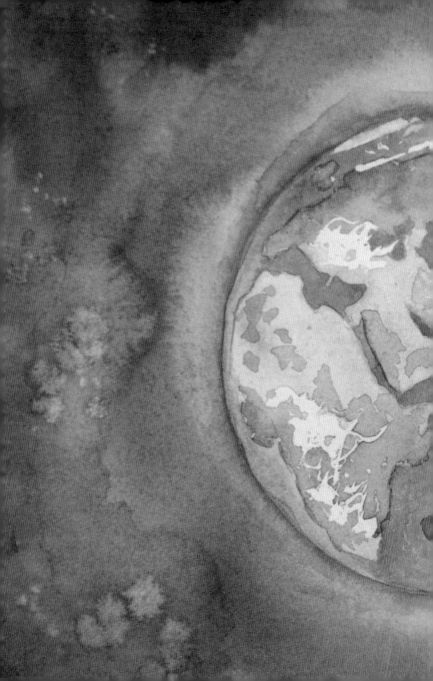

1

글로벌 기후환경정책의 주요 행위자

: 과거, 현재, 그리고 미래

—

한양대학교 정치외교학과 ┃ **류주연**

글로벌 기후환경정책의 주요 행위자
: 과거, 현재, 그리고 미래

—

한양대학교 정치외교학과 **류주연**

요약문

기후 위기에 대한 세계적인 관심이 촉발된 1980년대를 시작으로, 환경에 대한 인식은 지속적으로 제고되고 있다. 이에 따라, 환경 정책의 주요 행위자는 점차 확장되는 양상을 보인다. 1980년 이후 20여 년의 시간 동안, 환경 정책은 글로벌 거버넌스를 중심으로 이루어졌다. 한편, 2000년대에 들어서며 글로벌 거버넌스뿐 아니라 국가 역시 환경 정책 과정에 적극적으로 개입하며 더욱 실질적인 정책의 형성, 결정 및 집행이 가능해졌다. 이후, 가속화되는 환경 및 기후 위기에 따라 개인의 환경적 행보가 강조되고 있는 것이 현 2020년대의 실상이다. 추후 개인의 영향력은 더욱 확대될 것이라 예상하며, 이러한 현 상황을 서술하고 미래 행위자의 방향성을 제안하기 위해 본 논문을 기술하였다.

핵심어   기후위기, 글로벌 환경정책, 국제제도, 국가, 미래, 개인

I. 서론

2021년, 유엔기후변화협약UNFCCC의 제6차 IPCC 보고서는 기후 위기의 심각성을 강조하며 시급한 범세계적 대응을 요구하였다.[1] 또한, 국제결제은행BIS은 현 기후 리스크가 자연 생태계와 시민사회를 비롯해, 화폐 및 금융의

---

1   Working Group II to the Sixth Assessment Report, "2022: Point of Departure and Key Concepts. In: Climate Change 2022: Impacts, Adaptation and Vulnerability," Intergovernmental Panel on Climate Change(February 27, 2022) at https://www.ipcc.ch/report/ar6/wg2/downloads/report/IPCC_AR6_WGII_Chapter01.pdf(검색일: 2022. 12. 12).

안전성까지 흔들 수 있다고 경고하며 지구가 극단적 재난 리스크 '그린스완 Green Swan'에 처해 있음을 공표하였다.[2] 이제, 기후 리스크는 우리의 삶에 직접적인 영향을 끼치는 위험 요인이자, 국제안보 및 글로벌 거버넌스 차원에서 시급히 해결해야 할 문제로 부상하였다.

한편, 지금껏 국제 체제와 국가 차원의 대응을 중심으로 이루어지던 환경 관련 활동은 오늘날 더욱 세밀하고 실질적인 행동을 요하며 '개인'을 필수적으로 수반하게 되었다. 실제로 과거 5~10여 년 간 환경에 대한 개인의 관심 및 활동은 증폭되었다. 그러나, 기존의 환경 정책 관련 연구는 이러한 흐름을 분석하고 확대되는 개인의 역할에 주목하기보다는 국제적, 국가적 차원의 공적 기관이 실행하는 환경 정책에 초점을 맞추고 있다는 한계를 가진다. 환경 정책에 대한 보다 민첩한 대응이 필요한 현재, 이를 둘러싼 지속적인 추적이 필수적이다. 따라서, 본 논문은 미래 환경 정책을 결정하는 주요 행위자에 대한 예측, 더 나

---

2   Patrick, Bolton and others. "The green swan: Central banking and financial stability in the age of climate change." The Bank for International Settlements(January 2020) at https://www.bis.org/publ/othp31.pdf(검색일: 2022. 12. 14).

아가 각각의 행위자가 취해야 할 행동(의 방향성)을 제안하
는 것을 목적으로 한다.

본 논문은 다음과 같은 순서로 서술된다. 우선, '환경 정
책의 주요 행위자'에 대한 개념 정의를 위하여 이를 세 개
의 층위로 분류하고 그 분석 수준level of analysis 을 소개한
다. 이후, 세계 환경의 현황을 객관적으로 서술하며 미래
방향성을 검토한다. 보다 깊은 분석을 위하여 각 행위자의
시대별 행동을 살피고 이를 통한 시사점을 도출한다. 끝으
로, 미래 환경 정책의 주요 행위자가 취해야 하는 행동을
간략하게 제안한다. 본 논문에서는 체제, 국가, 기업, 단체,
개인 등을 개괄적으로 해석하기 위하여 논문 및 보고서,
기업의 지속가능경영보고서, 수집 완료된 소비자 설문 및
통계조사를 활용하는 문헌연구법을 사용할 예정이다.

II. 개념 정의

해당 논문에서 환경 정책의 주요 행위자란 '환경 정책에 영향을 끼치는 모든 참여자'를 뜻한다. 이는 정책 결정 권한을 지닌 공식적 행위자와 더불어, 영리조직, 비영리조직 등 비공식적 행위자 모두를 포괄하는 개념이다. 즉, 헌법 및 법률에 의해 정책 결정 과정에 참여할 권한이 부여된 행정수반 및 행정기관과 더불어, 영리조직/비영리조직/일반 시민/여론 등의 모든 비공식적 행위자를 뜻한다. 해당 정의는 기존에 다루었던 공식적 정책 행위자의 행동만으로 실시간으로 변화하는 환경 정책의 흐름을 설명하기에는 한계가 존재한다는 사실에 근거하여 수립하였다.

따라서, 해당 논문에서는 환경 정책의 주요 행위자를 국제 체제international system, 국가state, 개인individual 이라는 세 층위의 분석 수준level of analysis 으로 구분해 살피고자 한다.[3] 국제 체제international system 란 국제적 문제 대응

---

[3] Waltz, Kenneth N. Man, the State, and War: A Theoretical Analysis. New York: Columbia University Press, 1959.

을 돕는 제도, 정책, 규범, 절차 등의 총체를 포함하는 글로벌 거버넌스global governance를 뜻한다. 국가state는 통치 집단과 국민을 보유하며, 그 중 통치 집단이 국민에 부여하는 정책을 중심으로 살핀다. 마지막으로, 개인individual은 사회를 구성하는 모든 세부적인 요소를 포괄하는 개념으로, 기업, 사회단체, 비정부기구 등의 조직 및 일반 시민을 포함한다.

III. 세계 환경의 현황

국제사회는 2015년 '파리기후변화협정(Paris Climate Agreement, 이후 파리협정)'에서 '이번 세기말(2100년)까지 지구 평균 온도가 산업화 이전보다 2.0℃ 이상 상승하지 않도록 하고, 1.5℃ 선을 넘지 않도록 노력한다'고 합의한 바 있다. 이에 작성된 기후변화에 대한 정부간 협의체Intergovernmental Panel on Climate Change, 이하 IPCC 의 「지구온난화 1.5℃」 특별보고서에는 지구 평균 온도가 1.5℃, 그리고 2.0℃ 상 승할 때 발생하는 결과들을 각각 과학적으로 분석하며, 0.5℃가 보이는 차이가 '확고하다robust'고 표현했다. 일례 로, 온도 2.0℃ 상승 시 1.5℃ 대비 해수면은 10cm 더 높아 지고, 인구 1,000만 명은 삶의 터전을 잃을 수 있으며, 물 부족 인구는 최대 50% 증가할 수 있다. 또한, 멸종 동물의 종은 2~3배 이상 차이가 날 것이며, 위험에 처하는 바다의 산호는 70%에서 99%로 증가하게 된다.[4]

그러나, 이러한 인류 생존의 방어선 1.5℃의 보존은 위 태로운 상황이며, 시간이 지날수록 그 목표 달성 가능성 이 낮아지고 있다. 산업화가 이루어진 1850~1900년 대 비, 2011~2020년의 지구 지표면 온도는 이미 1.09℃ 상승 하였다. 또한, 5~7년 주기로 발간되는 IPCC의 평가보고 서 Assessment Report, 이하 AR 에서 예측하는 1.5℃ 상승 도달 시점은 회를 거듭할수록 빨라지고 있다.

---

4   진달래. "'지구 기온 1.5도 상승 억제' G20 약속…1.5도가 뭐길래." 『한 국일보』(2021년 11월 1일). https://www.hankookilbo.com/News/Read/ A2021110110530003571(검색일: 2022. 05. 20).

2016년, 파리협정의 목표 달성을 위해 서명한 전 세계 195개 국가는 지구 평균 온도 상승 억제를 위해 넷제로net zero 실천을 약속하였다. IPCC의 「지구온난화 1.5℃」 특별보고서에는 예측된 지구 평균 온도 1.5℃ 상승 시점은 2030년과 2052년 사이였다.[5] 그러나, 2021년에 발간된 제6차 보고서에서는 본 시점이 무려 12년이나 빨라진 2040년으로 예상되었다.[6] 앞선 수차례의 인식 제고 회의 및 국가 간의 약속에도 불구하고, 지구 위기가 10년 이상 앞당겨진 것이다. IPCC 6차 보고서가 가져온 충격이 채 가시기도 전, 세계기상기구WMO : World Meteorological Organization 는 올해(2022년) 5월 연례보고서를 통해 2022년부터 2027년 사이 최소 1년은 산업화 이전 대비 1.5℃를 넘길 확률이 절반에 가깝다(48%)고 밝혔다. 해당 기간, 세계 기온은 산업화 이전 대비 1.1℃~1.7℃ 높을 것이라 예상되며, 5년 전체 평균 기온이 1.5℃를 능가할 확률은 10%로 낮은 편이었다.[7] 즉, 2018년 이후 3년의 동안 기후위기는 12년 앞당

---

5 Myles, Allen and others. "2018: Summary for Policymakers. In: Global Warming of 1.5°C." The Intergovernmental Panel on Climate Change(May 15, 2018) at https://www.ipcc.ch/site/assets/uploads/sites/2/2022/06/SPM_version_report_LR.pdf(검색일: 2022. 12. 13).

6 에너지정책소통센터. "IPCC 제6차 평가보고서 제1실무그룹 보고서 주요내용." 한국에너지정보문화재단(2021년 8월 11일), https://www.etrans.or.kr/lib/

겨졌고, 그 이후 1년만에 절반의 확률이지만 13~18년이 앞당겨졌다. 범세계적인 노력 없이는 극복이 어려운 수준이고, 세계적 기관들도 이를 인식하는 듯하다. 과거 IPCC 4차 보고서에서는 '일부' 기업, 지방, 지역당국, NGO, 시민단체 등이 다양한 자발적 운동을 채택하고 있으며, 이들이 국가 혹은 지역 수준의 배출량에 '제한적 영향'을 끼친다고 말하였으나,[8] 6차 보고서를 비롯하여 현재의 각종 기후위기 대응 보고서는 이와 사뭇 다른 방향성을 제시하고 있다. 현재는 모든 국가, 기업, 사회가 적극적으로 환경 개선에 참여해야 한다는 당위성을 강조하며, 특히 넷 제로 달성을 위해서는 탄소 배출의 주범인 기업의 투자를 담당하는 '금융기관'의 올바른 기준 설립과 그 역할이 중요함을 역설한다. 따라서 앞으로의 환경 정책은 체제와 국가의 힘 못지않게 미시적 분석 차원의 힘이 중요해질 것이며, 실제 그러한 방향으로 진행되고 있는 추세를 보인다.

download.php?no=4147&file_name=IPCC+%EB%B3%B4%EA%B3%A0%EC%84%9C+%EC%A3%BC%EC%9A%94+%EB%B4%EC%9A%A9.pdf&save_file=a_202108111350200.pdf(검색일: 2022. 12. 11).

7 WMO designated Global Producing Centres. "WMO Global Annual to Decadal Climate Update." World Meteorological Organization(2021) at https://library.wmo.int/doc_num.php?explnum_id=11174(검색일: 2022. 12. 13).

IV. 주요 행위자 활동 및 시사점

국제 체제(international system)

기후위기 대응을 위한 글로벌 거버넌스 구축

글로벌 거버넌스란 국가와 시민들이 초국가적 도전에 대한 대응에 더 많은 안정성과 질서를 제공할 수 있도록 돕는 제도, 정책, 규범, 절차 등의 총체를 포함한다.[9] 1970~80년도에 구축된 기후위기 대응 글로벌 거버넌스는 국제연합 United Nations, 이하 UN 을 중심으로 그 활동이 전개되었다. 1972년 6월 5일(현재 '세계 환경의 날'로 지정), UN 은 스웨덴 스톡홀름에서 첫 국제적 환경회의인 '유엔인간환경회의 United Nations Conference on the Human Environment'를 개최하며 '건강한 환경에서 살 권리'를 인간의 기본적인 인권으로 공표하였다. 본 회의의 합의 결과로 환경문제를 전문으로 다룰 유엔기구 UNEP(United Nations

---

8　이근영. "5년 내 산업화 이전보다 지구온도 1.5도 상승 확률 50%." 『한겨레』 (2022년 5월 10일). https://www.hani.co.kr/arti/society/environment/104 2220.html(검색일: 2022. 05. 20).

9　Committee for Development Policy. "Global Governance and Global Rules for Development in the Post-2015 Era." United Nations(June 2014) at https://www.un.org/en/development/desa/policy/cdp/cdp_

Environment Programme, 유엔환경계획)가 설치되며 글로벌 거버넌스 차원의 활동에 본격적인 박차를 가하였다.

이후 1987년, UNEP가 보고서 '우리 공동의 미래 Our Common Future '를 출판하며 '지속가능성 sustainability '을 주요 의제로 소개하기 시작했다.[10] 이듬해인 1988년 6월, 캐나다 토론토에서 개최된 대기 변동에 관한 회의 Toronto Conference on the Changing Atmosphere 를 통해 기후 변화에 대한 본격적인 논의가 시작되었다. 같은 해 12월, 유엔 총회 결의안 43/53을 통해 기후변화에 대한 정부간 협의체 Intergovernmental Panel on Climate Change, 이하 IPCC 가 설립되었다.[11] UNEP와 세계기상기구 World Meteorological Organization, WMO 가 공동 설립한 해당 국제기구는 기후변화에 대한 과학적 규명에 기여하고 전 세계 과학자가 참여하는 평가보고서 Assessment Report 를 정기적으로 발간하는 등, 기후위기 대응을 위한 글로벌 거버넌스를 구축하였다.

publications/2014cdppolicynote.pdf(검색일: 2022. 12. 12).

10   Brundtland Commission(formerly the World Commission on Environment and Development). "Report of the World Commission on Environment and Development: Our Common Future." United Nations Environment Programme(March 20, 1987), at https://sustainabledevelopment.un.org/content/documents/5987our-common-future.pdf(검색일: 2022. 12. 14).

UNFCCC 채택

유엔기구변화협약 UN Framework Convention on Climate Change, 이하 UNFCCC 은 지구온난화 규제 및 방지를 위한 국제 협약이다. IPCC가 1990년에 발간한 기후변화 제1차 평가보고서 FAR 에서는 기후변화가 인간에 미치는 영향을 다룬 과학자들의 경고가 종합적으로 제시된다. 해당 보고서를 통하여, 지구상의 대부분의 국가들은 인류의 행동이 가져오는 환경 문제의 심각성에 공감하여 이를 국제협약을 통하여 해결하고자 하였다. 이후 1992년 6월, 브라질 리우데자네이루에서 개최되어 '리우 회의 Rio Summit '라고도 알려져 있는 UNEP 주도의 '국제연합환경개발회의 Nations Conference on Environment and Development, UNCED '는 글로벌 환경문제 및 이를 둘러싼 국제관계에 집중하였다. 특히 환경정책과 개발전략을 통합시키기 위한 '리우 선언 Rio Declaration on Environment and Development '을 통해, 지구 온난화 규제 및 방지를 위한 국제 협약 '유엔기후변화협약 UN

11　The General Assembly. "Resolution adopted on the reports of the Second Committee : General Assembly-Forty-third Session." United Nations(December 6, 1988) at https://www.ipcc.ch/site/assets/uploads/2019/02/UNGA43-53.pdf(검색일: 2022. 05. 23).

Framework Convention on Climate Change, UNFCCC '이 채택되었다. 그러나, 정책 결정의 절차적 미비, 모든 당사국의 동의를 요구하는 민주주의적 의사결정 방식 등은 법적 구속력 및 강제성을 지니지 못해, 국가 간의 단순 협의의 형태를 지녔다는 한계를 가졌다.[12]

　기후변화 대응체제 형성을 위한 지구 정치의 중심에 자리잡은 UNFCCC는 이후 1995년 기후변화협력 관련 최고의 의사결정기구 '당사국총회 Conference of the Parties, COP '를 개최하기 시작하였다. 이는 의사결정기구 및 당사국이 모여 환경 협약의 이행을 검토하고 이행을 촉진하는 회의체이다. 1995년 독일 베를린에서 개최된 COP-1에 이어, 코로나19의 영향을 받은 2020년을 제외하고 매년 개최되고 있다. 해당 회의를 통하여 교토의정서, 파리기후협정 등 전지구적인 합의가 이루어졌다.

12　산업자원부자원정책과, 에너지경제연구원 기후변화대책연구실. "기후변화협약과 교토의정서(UNFCCC & The Kyoto Protocol)." 사업자원부, 에너지경제연구원(2002년 07월). https://www.motie.go.kr/common/download.do?fid=bbs&bbs_cd_n=72&bbs_seq_n=886&file_seq_n=1(검색일: 2022. 12. 11).

MDGs와 SDGs

2000년, 2015년 달성을 목표로 한 '유엔 새천년개발목표MDGs : Millennium Development Goals'가 지정되었다. MDGs에 포함된 8가지 목표 중 제7번째는 '지속가능한 환경 보장Ensure Environmental Sustainability'으로, 해당 목표의 평가지표로 '안전한 식수와 위생환경 접근 불가능 인구 반감'이 설정되었다. 그 결과, 수돗물 이용 가능자는 1990년 대비 190만 명이 증가하였으며, 98%의 오존 파괴 물질이 사라졌다. 그러나 MDGs는 목표 범위가 좁으며 개발도상국에 초점이 맞추어져 있었다는 한계를 지닌다.

이에, MDGs를 이은 UN의 지속가능발전목표SDGs : Sustainable Development Goals가 2015년에 발표되었다. '단 한 사람도 소외되지 않는 것Leave no one behind'을 슬로건으로 한 SDGs는 MDGs보다 더 포괄적이고 발전된 목표로, 2030년 달성을 목표로 한다. SDGs는 인간, 지구, 번영, 평화, 파트너십이라는 5개 영역에서 인류가 나아갈 방향성을 17

개 목표와 169개 세부 목표로 제시한다. 그 중, 6번 '물과 위생 Clean Water and Sanitation', 7번 '에너지 Affordable and Clean Energy', 11번 '지속가능한 도시와 커뮤니티 Sustainable Cities and Communities', 12번 '책임 있는 소비와 생산 Responsible Consumption and Production', 13번 '기후변화와 대응 Climate Action', 14번 '해양 생태계 Life below Water', 15번 '육상생태 계 Life on Land' 등 총 7개의 목표가 환경과 직간접적으로 관련되어 있다. 해당 목표들에 대하여서는 세계 각국의 정부, 기업, 시민단체, 교육기관 등에서 적극적인 참여가 이루어지고 있다.

이와 같이, 글로벌 거버넌스는 환경에 대한 인식 이 수립된 1970~80년대부터 현재까지, 모든 시기에서 적극적인 세계 환경 정책의 행위자로 활동하였다. 특히, 1970년 대부터 1990년대까지 30여 년의 시기에 가장 큰 영향을 끼쳤다. UN을 중심으로 한 글로벌 거버넌스는 환경 위기 대응을 위해 전지구적 틀을 구축하고, 필수적인 개념들을 규정하였으며, 지속적인 다자간 합의 과정을 통해 관심을 촉구하고 시급한 환경 의제를 선정하였다.

그러나, 이러한 초기의 합의들은 단순히 선언적인 의미에 그친다는 한계를 보인다. 1970~1990년대 세계 대부분의 국가들은 자국의 경제 발전을 최우선적인 과제로 생각하고 있었다. 리우 선언와 UNFCCC 등, 당시의 주요 합의 및 기구들 역시 국가들에 강제성을 부여하지 않았고, 이로 인해 가시적인 국가적/개인적 차원의 성과로 이어지지는 못하였다.

국가(state)

2000년대 이후 각 국가는 더욱 적극적으로 환경 문제에 개입하면서 환경 정책의 핵심 행위자로 부상하였다. 비록 교토의정서(1997년 채택, 2005년 발효) 및 파리협정(2015년 채택, 2020년 발효) 등 강제성이 부여된 국제사회의 합의

문 채택을 통해 시작된 적극적 행위였으나, 그럼에도 불구하고 이로 인해 국가는 환경 정책의 필수적인 행위자로 부상하였다. 이러한 흐름에 따라 국가들은 환경에 대한 경각심을 가지기 시작하며, 혹은 국제 사회의 패널티를 피하기 위하여, 실질적인 환경 정책을 고안하고 국내적으로 실행하기 시작하였다.

교토의정서(Kyoto Protocol)

교토의정서 Kyoto Protocol, 혹은 교토기후협약은 온실가스 배출을 줄이기 위한 기후변화협약에 따른 의정서를 뜻한다. 1997년 12월 일본 교토에서 개최된 제3차 당사국총회에서 채택되어 2005년에 발효됐다.[13] 이전의 협약들과는 달리, 선진국의 온실가스 감축 목표를 명시하는 동시에 각 국가에 '의무'를 부과한다. 당시 교토의정서의 의무는 모든 당사국가 부담하는 '공통의 의무사항'과 일부의 회원국만 부담하는 '특정 의무사항'으로 나뉘었다. '부속

---

13 외교통상부대변인. "기후변화협약 교토의정서 비준." 외교부(2002년 11월 11일). https://www.mofa.go.kr/www/brd/m_4080/view.do?seq=289648&srchFr=&srchTo=&srchWord=&srchTp=&multi_itm_seq=0&itm_seq_1=0&itm_seq_2=0&company_cd=&company_nm=&page=1378(검색일: 2022. 06. 04).

서1'에 포함된 38개의 선진국은 산업개발에 따른 온실가스 배출량의 55%를 차지하는 국가들로, 교토의정서 1차 공약기간(2008~2012) 동안 1990년 온실가스 배출량에서 5.2% 감축을 규정하였다. 각 국가별 감축 목표는 EU(유럽연합) 15개 회원국이 8%, 미국 7%, 일본 6%에 달하였다. 이와 같은 감축을 달성하지 못할 경우, 해당 국가에 대한 관세 장벽이 수용되었다. 더불어, 이를 달성하지 못할 시 1차 공약기간 직후인 2013년부터 목표한 감축량의 1.3배와 2차 이행목표를 동시에 달성해야 한다는 규정이 생겼다. 우리나라는 부속서 1국에 포함되지 않는 개발도상국으로 인정받아, 1차 공약기간 중 온실가스 감축 의무는 주어지지 않았다. 이와 같이, 온실가스 감축 의무가 없는 당사국들이 함께 부담하는 '공통의 의무사항'은 온실가스 배출 감축을 위한 자체 국가 전략 개발 및 공개를 의미했다. 온실가스 통계 작성, 대책 수립, 과학연구 협력 등을 통한 보고서 작성이 이루어졌다.[14]

---

14   기획재정부. "쿄토의정서." 시사경제용어사전(2020년 11월 03일). https://www.moef.go.kr/sisa/dictionary/detail?idx=2585(검색일: 2022. 06. 13).

교토의정서의 1차 공약기간 동안 국가를 주요 행위자로 앞세운 효과적인 환경 정책이 진행되었으나, 2012년 11~12월에 개최된 제18차 유엔기후협약 당사국총회(COP18, 카타르 도하)에서는 교토의정서 및 온실가스 감축 체계의 동력이 떨어졌음을 확인할 수 있었다. 세계적인 온실가스 배출국 빅4(미국, 중국, 일본, 러시아)가 2차 교토의정서에 참여하지 않기로 하여, '빈 껍데기'와 유사하다는 비유가 나왔다. 온실가스 배출량(이산화탄소 기준) 세계 1위인 중국과 3위 국가인 인도는 교토의정서 비준 시 개발도상국으로 분류되어 이산화탄소 감축 의무가 없다. 두 국가는 2차 공약기간에도 이를 유지하겠다고 밝혔다. 세계 2위 배출국 미국은 2001년, 국내법에 문제가 있다는 이유로 교토의정서를 비준하지 않았다. 또한, 1차 감축 의무화를 시행한 온실가스 배출량 4~5위의 러시아와 일본은 해당 공약을 참여하지 않았다. 이에, 2차 공약 기간 참여국들의 온실가스 배출량의 합계는 세계 전체 온실가스 배출량의 15%에 미치지

못할 정도로 약화된 채로 출범하였고, 이러한 교토의정서
의 실효성은 의문을 남겼다.

파리협정(Paris Agreement)

　2015년 제21차 당사국총회(COP21, 프랑스 파리)를 통해
'파리협정 Paris Agreement'이 채택되어, 2020년에 만료된 교
토의정서를 대체하였다. 해당 협정의 목표는 지구의 평균
온도가 산업화 이전에 비해 2도 이상 상승하는 것을 방지
하기 위한 온실가스 배출량의 단계적 감축이다. 이러한 파
리 협정은 기존에 '선진국'에만 온실가스 감축 의무를 부과
한 교토의정서와 차이를 보인다. 참여 당사국인 195개 국
가 모두 자국의 상황을 반영하여 참여해 감축 목표를 지켜
야 한다는 강제성을 띄고 있다. 2015년 채택 이후 세부 지
침 마련을 위한 추가 총회가 진행되었고, 가장 최근에 개최
된 2021년 당사국총회(COP26, 영국 글래스고)에서 파리협정
의 세부이행규칙 Paris Rulebook 을 완성하였다. 본 협정은 회

원국이 자발적으로 '국가결정기여 NDC'를 제출하도록 하며, 각국 내의 실질적인 환경 활동을 요구한다. 또한, 2030년까지 각국이 목표로 삼은 온실가스 감축 목표를 공표하도록 하였는데, 유럽연합의 경우 절대량의 40%, 미국 역시 절대량의 26~28%, 중국은 국내총생산 GDP 대비 배출량 기준 60~65%, 한국은 2030년의 목표연도 배출전망치 대비 BAU 37% 감축을 목표로 삼았다.

　교토의정서에 비하여 높은 강제성에도 불구하고, 195개 회원국 중 현재까지 파리협정 탈퇴를 선언한 국가는 미국 한 국가에 불과하다. 파리협정은 미국의 버락 오바마 전 대통령의 주도 하에 채택되었으나, 미국은 2017년 도널드 트럼프 전 대통령이 파리협정 탈퇴를 선언하였다. 합의가 이루어진 2016년 이후 3년간의 탈퇴 금지 기간이 직후인 2019년 11월 3일, 트럼프 전 대통령은 실제로 파리협정을 공식적으로 탈퇴했다. 그러나, 2021년 1월 조 바이든 미국 대통령은 취임 첫날 파리협정에 재가입하며 국가적인 차원에서 환경문제에 주도적으로 나설 포부를 밝혔다.

유럽연합의 탄소배출 감축 방안

　국가 및 지역 연합 역시 실질적인 환경 리스크 해결을 위해 엄격한 친환경 규제 및 정책을 수립하고 있다. EU는 2020년을 기점으로 CO_2 배출 규제를 강화하기 시작했다.[15] 탄소배출량을 2030년까지 1990년대 대비 55% 감축하겠다는 목표와 함께, 공장, 자동차, 항공 등 화석연료에 의존하는 분야들을 중심으로 규제하는 법안을 발표하였다. 세계 최초의 탄소국경조정제도CBAM, 자동차 배기가스 배출 규제, 탄소배출권 거래제ETS 시장 개편 등 다방면으로 적극적인 정책을 펼치고 있다.

　특히 '친환경차 확대'에 입각하여 EU가 설정한 법안은 완성차 대당 지정된 CO_2 배출량을 넘기면 벌금을 지불하게 하는데, 그 기준이 엄격해 완성차 기업들이 기존 운영 방식으로 준수할 수 없는 수준이었다. 이러한 EU의 적극

15　정한교. "EU의 CO_2 규제, '친환경차 확대'에 탄력 받나." 『인더스트리뉴스』(2020년 03월 08일). https://www.hankookilbo.com/New0Read/A2021110110530003571(검색일: 2022. 05. 20).

적인 행동에 기업들은 2040년경 유럽 내 내연기관차의 판매가 금지될 것이라 전망, 완전한 전기차로 전환하려는 시도들을 보였다.

20여 년을 관통한 두 차례의 협약 및 최근의 국가 및 지역연합의 활동을 살핀 결과, 2000년대 이후로는 1980년대와는 달리 국가의 역할이 더욱 강조되었음을 알 수 있다. 교토의정서는 제한적인 수준으로나마 특정 국가들에게 강제성을 부여하고 이를 이행하지 못할 시 불이익을 명시해 놓은 국가 행동 위주의 합의문이었으며, 파리협정은 이를 더 확장해 전 세계 200여 개에 달하는 국가들에게 환경 보호의 의무를 쥐어 준 사례이다. 또한, 현재에 이르러서도 적극적으로 환경 보호 정책에 참여하고 있다. 따라서, 2000년대 이후, 국가들은 글로벌 거버넌스와 더불어 환경 정책의 주요 행위자로 활동하였다고 볼 수 있다.

개인(individual)

개인individual은 하나의 정의로 규정을 내리기엔 매우 다변화되어 있어 그 경계가 모호하다. 본 논문에서는 정책 결정 과정에 권한을 가지지 않은 모든 비공식적 행위자를 '개인'으로 상정하였다. 이는 시민, 시민단체, 비정부기구, 법인 등을 포함하며, 본 분류를 기준으로 하여 특정 주체들이 정책 수립 환경에 영향을 미친 사례를 서술하고자 한다. 본 사례들은 비공식적 행위자의 활동 중 사회 전반에 가장 큰 영향을 끼쳤다고 판단되는 사례를 선별한 것으로, 필자 개인의 주관적 판단이 이루어졌다는 점에서 한계가 존재함을 미리 밝힌다.

자산운용사 블랙록(Black Rock), 소비자, 그리고 ESG

ESG란 지속가능 경영의 핵심 요소인 'Environmental, Social, and Governance(환경, 사회, 지배구조)'의 줄임말

이다. 사회 및 지배구조에 대한 경영을 포함한 개념이기에 환경만을 대변하는 좌표가 아니라는 한계가 존재하나, 그럼에도 불구하고 ESG 경영의 핵심에 환경이 자리잡고 있다고 파악되어 이를 환경에 국한시켜 볼 수 있는 사례로 가져오기에 충분하다고 판단하였다. 기업이 중심적으로 시행하는 ESG 경영은 환경적 활동이며(환경 69.4%, 사회적 가치 23.5%, 지배구조 7.5%),[16] 법인 평가 및 회계감사를 진행하는 삼일PwC(삼일회계법인)의 2022년 'ESG 4대 트렌드' 보고서에 명시된 4개의 트렌드 중 3가지가 환경과 관련된 항목이었다(혼재했던 다수의 공시 기준과 규제들의 표준화 및 법제화 방향성, 온실가스 배출 보고에 Scope 3 포함, 과학기반 넷제로 이행 증가, 생물다양성과 자연 자본의 필요성 주목). 또한, 국내 소비자 설문 결과 ESG 세 개의 항목 중 '환경'에 집중되어 있었으며, 세 개의 요소 중 한국 기업이 환경 문제를 해결하는 것이 중요하다고 답한 응답자 수가 84.7%에 달하였다는 점(S: 79.4%

16　한경 MOOK, 『ESG 개념부터 실무까지 K-기업 서바이벌 플랜』(서울: 한국 경제신문, 2021), p. 14.

G: 73.3%)에서 알 수 있었다.[17]

ESG 용어가 공식적으로 등장한 것은 2004년 말 UNGC(UN Global Compact, 유엔 글로벌 콤팩트)가 작성한 보고서인 "Who Cares Wins – Connecting Financial Markets to a Changing World"이다. 그러나, 해당 키워드가 현재와 같은 메가 트렌드로 전환된 데에는 자산운용사 '블랙록Black Rock'의 영향이 크다.

세계 최대의 자산운용사 블랙록의 CEO, 래리 핑크는 2020년 초 기업 CEO들에게 연례 서한을 보내며 '앞으로 기후변화와 지속가능성을 투자의 최우선 순위로 삼겠다'고 공표하였다. 이는 ESG 경영 실천 기업에 투자를 강화하겠다는 선언이었다. 이후 2021년에는 '기업의 사회 구조가 탄소중립(넷제로, net zero)와 양립할 수 있는 계획을 공개하라'고 요구하며, 구체적인 경영 체계와 장기 전략을 통한 ESG 이행을 압박하였다. 이와 함께, 'ESG'라는 용어가 투자자들 사이 활성화되기 시작했고, 실제로도 ESG 투자는

17　최지은. "가치에 민감한 Z세대 '기업도, ESG도 믿지 않는다.'" 『조선일보』(2021년 10월 19일). https://www.chosun.com/national/national_general/2021/10/19/LFPP3SZ6SBC3RB6IDMJITII23E/(검색일: 2022. 05. 13).

주력으로 떠올랐다. 이는 특히 코로나 19 발생 이후 ESG 채권의 급등으로 인해 더욱 두드러졌다.

　자칫 '투자 용어'로 그칠 수 있던 ESG 경영은 현재 국내의 소비자 니즈와 맞물리며 그 영향이 증폭되었다. 현재 시장의 주요 소비층인 MZ 세대(밀레니얼 및 Z세대)는 친환경 제품에 보다 큰 관심을 보이고 있다. 건강한 가치를 옹호하고 이러한 기업의 제품을 구매하는 '가치소비', 환경오염을 막기 위해 건강한 제품을 소비하는 '그린슈머Green-sumer', '제로웨이스트Zero Waste 등의 개념이 트렌드로 떠오르며, 소비자들은 다양한 방식으로 환경오염을 막기 위해 노력하며 그 속에서 개인의 개성과 행복을 찾는 것을 즐긴다. 이전에는 일회용품 사용량 절감, 분리수거 정도로 환경 보호를 시도하던 소비자가 이제는 친환경 기업 및 브랜드를 '선택'하는 것으로 영향력을 행사하기 시작했다. 기업 역시 이러한 소비자들의 선택을 받기 위하여 더욱 적극적으로 환경 운동에 참여하기 시작하였다. 주요 국내 기업들의 ESG 담당자 중 57.6%는 ESG 경영 계획 수립 배경으로 '소비자의 높아진 잣대'를 선택하였으며(복수 응답), 이는 전체 응답 중 2위를 차지했다(1위: ESG 공시 의무 강화 65.9%, 3위: 연기금 등의 투자자 요구 증대 48.2%).

이러한 전반적인 소비 시장의 변화는 곧바로 금융 시장에 영향을 미쳤다. 코로나 19 이후 ESG상장지수펀드ETF에 약 55조 원이 유입된 반면, 같은 기간 일반 주식·채권형 펀드는 약 463조 5000억 원의 자금이 이탈하였다. ESG ETF 규모는 2030년 700조 원에 달할 것으로 예상되며, 국내 ESG 채권 발행액은 2018년 1조 원에서 2020년 46조 원으로 급증했다. ESG는 이제 '알파 수익'을 창출하는 투자로 인식되고 있다.

이어서, ESG 트렌드가 확산하며 기업 공급망의 투명성이 핵심 리스크 요인으로 떠올랐다. 특히 애플은 2030년까지 애플 기기 제조 과정에서 전체 탄소 배출량 제로를 달성하겠다고 밝혔으며, 환경 캠페인 'RE100'은 ESG의 대표적인 이니셔티브이다.

　　이렇게 주요 경영 트렌드로 떠오른 ESG는 결국 국가 정
책에도 영향을 끼친다. 한국의 경우, 2021년 4월, 상공의
날 기념사를 통해 문재인 전 대통령은 '올해를 ESG 경영
확산의 원년으로 따뜻한 자본주의 시대를 열겠다'고 밝혔
다.[18] 더 많은 기업이 ESG 경영에 적극적으로 참여할 수 있
도록 정부 차원의 원조를 제공할 것이라 약속하였다. 이후
2021년 8월, 범정부 차원의 '친환경·포용·공정경제로의
대전환을 위한ESG 인프라 확충 방안'이 발표되었다. 이는
ESG 국내외 동향 및 시사점, 기본 추진방향, 기업/투자/인
프라를 위주로 살핀 중점 추진과제, 그리고 향후 추진계획
을 개괄적으로 담고 있는 보고서이다. 한국판 뉴딜(2020년
7월), 2050 탄소중립 추진전략(2020년 12월) 등 기존의 정책
들을 함께 활용하여 K-ESG 가이드라인, K-택소노미 등
경영 및 투자 활성화를 동시에 시행할 방안을 담았으며,
이러한 두 축을 뒷받침하기 위한 인프라로 플랫폼과 통계

18　문화체육관광부 국민소통실. "ESG 경영 확산으로 따뜻한 자본주의 시대
를 열겠습니다."『대한민국 정책브리핑』(2021년 04월 01일). https://www.korea.
kr/news/visualNewsView.do?newsId=148885724(검색일: 2022. 12. 12).

를 구축하고자 한다.[19] 이는 최초로 정부가 종합적인 ESG 정책의 방향성을 발표한 사례라는 점에서 큰 의의를 갖는다. 이후, 정부의 ESG 정책 추진은 기획재정부의 총괄 및 점검, 환경부·고용노동부·산업통상자원부의 과제 선정 및 이행의 체계를 갖추게 되었다.

이와 같이, 투자자들의 평가 척도 및 소비자 구매 성향에서부터 확산된 개념이 현재의 환경 정책을 대표하는 키워드가 되었음을 확인할 수 있다.

더 클라이밋 그룹(The Climate Group)의 'RE100'

RE100은 'Renewable Energy(재생에너지) 100%'의 약자로, 기업이 사용하는 전력의 전부를 재생에너지로 충당하겠다는 목표의 캠페인이다. 본 캠페인은 탄소정보공개 프로젝트CDP : Carbon Disclosure Project 와 파트너십을 맺은 다국적 비영리기구 '더 클라이밋 그룹The Climate Group' 주도로 2014년에 시작되었다. 현재 인류가 직면한 가장 심각

---

19 율촌. "비상경제 중앙대책본부, 'ESG 인프라 확충 방안' 발표." 『법률신문』(2021년 11월 11일). https://m.lawtimes.co.kr/Content/Article?serial=174214(검색일: 2022. 12. 12).

한 글로벌 위기인 기후변화를 막는 것을 목표로 하며, 석
유화석연료를 대체하여 태양광, 태양열, 바이오, 풍력, 수
력, 지열 등의 에너지 활용을 '재생에너지'라 일컫는다. 세
계적으로 370여개의 국제적 기업을 보유하며, 175개 이상
의 시장 내에서 그 영향력을 펼치고 있다.[20] RE100의 가
장 큰 의의는 공식적 정책 행위자가 부여한 강제성에 의한
활동이 아니라, 기업들이 '비영리기구'에서 시작한 캠페인
에 적극적으로 참여하고 준수한다는 점이다. 이렇듯 비영
리기구에서 시작한 캠페인이 오히려 환경 정책 설정에 영
향을 끼치고 있다. 우리나라의 경우, 따라서 정부는 2021
년 1월 법령과 전력 시스템 등의 정비를 통해 K-RE100 제
도를 출범시켰다. 유럽은 'RE-Source'라는 명칭의 포럼을
만듦으로써 기업의 신재생 에너지에 쉽게 접근할 수 있도
록 논의할 수 있도록 하였고, 인도는 'RE100 India Policy
Asks'를 출범시켰다. 해당 사례는 비공식적 행위자가 정부
및 입법 체제로 이어져서 정책 생성에 유의미한 영향을 끼

20　Nicholas, Fedson and others. "RE100 annual disclosure report
2021." CDP(January 2022) at https://www.there100.org/sites/re100/
files/2022-01/RE100%202021%20Annual%20Disclosure%20Report.
pdf(검색일: 2022. 12. 12).

친 사례이다.

그레타 툰베리(Greta Thunberg)와 기후 파업(Climate Strike)

스웨덴의 기후운동가 그레타 툰베리 Greta Thunberg 와 그가 이끈 기후 파업 Climate Strike 는 불과 13살의 소녀가 세계적인 기후변화 운동을 촉진하며 개인의 폭발적인 영향력을 보여준 대표적인 사례이다. 어린 나이에 환경 오염의 심각함을 인지한 그는 2018년 8월, 등교를 대신하여 스웨덴 의회 앞에서 1인 시위를 시작하였다. 2015년 파리 기후변화회의에서 촉발되었으나 확산이 부진했던 환경 운동 '기후 파업 Climate Strike '의 개념을 차용하여, "Skolstrejk för klimatet(기후 대처 학교 파업)"이라는 환경 보호의 메시지를 종이손 피켓에 적어 정부의 파리협약에 따른 온실가스 감축을 촉구하였다. 툰베리의 활동은 촉발제가 되어 다수의 시민이 모여들었고, 본 운동은 '기후를 위한 학교 파업 School strike for climate ', '미래를 위한 금요일 Fridays for Future ', '기후를 위한 청년 파업 Youth Strike for Climate ' 등 다양한 명칭으로 확산되기 시작했다. 이듬해인 2019년, 글로벌 기후파업 주간인 9월 20~27일의 기간에는 전 세계 150개국에서 약 400만 명이 참여하는 국제 연대 활동으로 자리잡게 되었다. 콜린스 사전은 2019년 "올해 이 단어의 사용 빈도가 이전에 비해 100배 늘었다"며 '기후 파업 Climate Strike '를 '올해의 단어'로 선정하기에 이르렀다.[21] 특히 2019년 9월 20일은 유엔 기후행동 정상회의를 하루 앞둔 시점이었는데, 전 세계 청소년 수백만 명이 기후파업에 참여해 국제 체제에 자신들의 목소리를 전달하였다. 한국에서도 330개에 달하는 시민단체가 주축이 되어 한국의 기후 파업을 진행하였다. 이후 2020년에는 코로나 19로 기후변화파업을 온라인으로 전환하였고, 2021년에도 역시 온라인 기반으로 진행되었다.

　툰베리와 그가 주도한 기후 파업은 크고 작은 변화를 야기하였다. 경제적으로 탄소 배출량이 많은 기업의 주가

21　정원식. "'기후파업' 올해의 단어로 선정." 『경향신문』(2019년 11월 8일). https://m.khan.co.kr/world/world-general/article/201911082103005#c 2b(검색일: 2022. 05. 15).

가 하락하였고, 툰베리의 주장과 행동은 정치화되어 극우
단체들의 질타 대상이 되었다. 그러나 동시에, 툰베리는 각
종 국제 관련 회의에 초빙되어 그의 생각을 퍼트리게 되었
다. 2018년과 2019년 두 차례의 유엔기후협약 당사국총
회, 2019년 9월 유엔 기후행동 정상회담, 2021년 유럽연합
의회 환경위원회 등에서 연설을 하였다.[22] 그 중, 대규모 기
후 파업의 다음날인 2021년 9월 21일, 유엔 기후행동 정상
회의에서 사상 최초로 '청년 기후행동 정상회의'가 개최되
었다. 본 회의에서는 18~29세 사이의 환경운동가, 기업가
등 청년 500여 명이 회의에 참여하였으며, 우리나라에서
는 두 명의 청년 지도자가 참석자로 선정되었다.

　UN 주최의 해당 회의는 툰베리를 연설자로 초빙하는
동시에, 대규모 기후 파업의 다음날 개최되었다. 이러한 점
에서 국제 체제 및 정치 지도자들을 향한 일반 시민의 목
소리가 커진 것이라 받아들일 수 있다. 비록 기후 파업이
UN의 청년 기후행동 정상회의 개최를 결정한 것은 아니

22　이근영. "'기후학교 파업' 시위로 세상 깨워 … 분노하고 저항하는 '지구
변호인'." 『한겨레』(2020년 10월 20일). https://www.hani.co.kr/arti/society/
environment/966412.html(검색일: 2022. 05. 17).

지만, 커져가는 청년들의 관심과, 이의 중요성을 인식하고 목소리를 적극적으로 청취하기 시작한 국제 체제 사이의 영향력 공유라고 볼 수 있다.

이와 같이, 툰베리 개인이 응집해 시민운동을 이끌고, 또 다른 비공식적 행위자인 시민단체를 자극하였으며, 국가적/체제적 차원에서 연설을 하며 실제 정책 과정에 유의미한 영향을 미쳤다고 할 수 있다.

이렇게 기업, 비영리기구, 시민 등 '개인Individual'의 활동이 환경 행위에 미치는 영향력은 날로 강조되고 있음을 목격하였다. 2010년대까지 체제와 국가 주도의 환경 정책이 이루어져 왔다면, 2010년대 말~2020년대를 기점으로 '개인'의 힘 역시 기존의 주요 행위자의 그것과 점차 비슷해지고 있다고 볼 수 있다.

미래 전망

환경 정책의 흐름을 살피면 주요 행위자들의 변화 과정을 목도할 수 있다. 환경 보존에 대한 정책은 1980년도 글로벌 거버넌스를 중심으로 진행되었고, 세계적으로 미비한 인식을 제고하는 수준으로만 이루어졌다. 한편, 2000년도에 들어서며 글로벌 거버넌스와 더불어 국가의 영향력이 커지며, 국가적 차원의 정책 및 강제력 행사 등 국가 개입이 확대되었다. 2020년도에는 시민, 비정부기구, 시민단체, 기업 등 모든 비공식적 행위자를 대변하는 '개인'의 힘이 확장되었다. 스웨덴의 어린 소녀 그레타 툰베리와 그가 불러온 폭발적인 시민 의식의 증대 및 기후 파업, 전문가들의 투자 용어로 사용되며 확장된 용어 ESG, 시민단체 더 클라이밋 그룹의 캠페인 RE100 등은 환경 정책에 다방면으로 큰 영향을 미치는 개인의 역할을 보여준다. 현재까지는 이러한 사례들이 이례적이라 여겨져 왔으나, 현재 제기되는 미래 환경 보존의 움직임을 둘러싼 전망을 고려하면 이는 앞으로 더욱 자연스럽게 받아들여질 것이다.

국내외에서 비공식적 행위자를 중심으로 한 환경 활동은 점차 증가하고 있는 추세이다. 세계적으로 순환경제(Circular Economy: 자원 절약과 재활용을 통해 지속가능성을 추구하는 친환경 경제 모델)를 통한 경제적 가치는 지속적으로 확대될 것으로, 2030년에 2019년 한국 GDP 3배 규모에 이르는 5,697조 원에 이를 것으로 보인다.[23] 국내 친환경 시장 역시 성장 중으로, 2001년 1.5조, 2010년 16조, 2020년 30조에 도달하였다. 한편, 2021년 7월 기준, 환경부에서 관할하는 비영리법인과 비영리민간단체의 수는 총 645개(비영리법인 461 개, 비영리민간단체 184 개)로 집계되었는데, 이는 2013년의 342개의 두 배에 달하는 숫자이다.

이와 같이, 개개인은 현 시장 내 소비자로서 그 영향력을 키우는 동시에 환경 보호를 목적으로 한 활동을 확대하고 있다. 따라서, 미래의 환경 정책은 글로벌 거버넌스,

23 Rachel, Bartels and others. "Winning in a Circular Economy: Practical steps for the European chemical industry." Accenture(2020) at https://www.accenture.com/_acnmedia/PDF-117/Accenture-Winning-In-A-Circular-Economy-Executive-Summary(검색일: 2022. 12. 12).

국가, 그리고 개인(비공식적 행위자)이라는 세 행위자가 유사한 중요도를 가지며 전개될 것이며, 개인은 점차 환경 정책의 대표적인 행위자로 자리잡을 것이다. 이를 위해, 각각의 주요 행위자는 다음과 같은 방향으로 미래의 환경 정책을 다룰 필요가 있다.

우선, 국제 체제는 기존 글로벌 거버넌스가 해 오던 것과 같이, 전지구적 차원의 의제 제공 및 과제 선정이 필요하다. 특히, 환경 문제는 더 이상 묵과할 수 없는 시급한 문제이니만큼, 각 국가에게 강제성을 부여하는 합의를 도출하는 것이 필요할 것이다. 한편, 환경 보호 정책의 의무화는 필연적으로 국가 간의 차이에 의한 갈등을 야기하게 된다. 따라서, 이를 최소화할 수 있는 기준을 선정하기 위한 각국에 대한 문화적/사회적/경제적/역사적 이해 및 분석이 필수적이다. 리우 선언에 명시된 '공동의 그러나 차별적 책임 CBDR; Common but Differentiated Responsibility'과 같이, 환경보호가 모든 국가의 공통된 책임 common responsibility 임을 인지하는 동시에 각 국가가 처한 상황, 지구환경에 각 국가가 미친 영향 등을 고려한 차별적 책임differentiated responsibility을 고려하여야 한다. 그러나, 리우 회의가 열린 1990년대에 비해 현재 전 세계 국가들의 참여는 더욱 필수적이 되었기 때문에, 이러한 변화를 기반으로 한 개념 재정립이 필요하다.

한편, 국가는 국제 체제와 개인 사이에 위치한 행위자로, 다른 두 행위자 모두에 대한 깊은 이해 및 분석이 필수적이다. 국제 체제에서 요구하는 권고 및 강제 사항들의 실질적인 이행은 결국 국가의 중앙 기구에서 달성할 수 있는 것이 아니라 국가 내 전체 사회, 즉 국가 내 개인의 힘이 합쳐져야 이루어지는 것이기 때문이다. 따라서, 국제 체제가 선정한 큰 틀에서의 목표 달성을 위해 필요한 일련의 행동들을 각국의 특성에 맞게 고안하고 구체적인 실현 방법을 제안해 내는 것이 바로 국가의 역할이다. 특히나 환경 정책의 실현에서 개인의 힘이 강화되고 있는 현재, 기업/시민단체/시민 등 다양한 개인의 입장과 성향에 대한 파악을 기반으로 한 입법 과정이 필요하다. 이러한 국내적 차원의 정책이 글로벌 거버넌스에서 지향하는 방향성과 부합하면서 동시에 개인에게 역시 손쉬운 접근 및 실행이 가능할 때, 비로소 국가 내 정책이 성공적으로 행해질 수 있게 된다.

　마지막으로, 확대되는 개인의 영향력만큼 그들의 적극적인 참여가 요구된다. 사회적, 기술적 변화로 인해 소수의 생각 역시 폭발적으로 확장할 수 있는 사회가 되었고, 이는 여론을 형성하거나 타인에게 영향을 끼칠 수 있게 되었다. 이러한 개인의 영향력 강화는 한편으로는 보다 우수한 시민 의식의 보유가 필요하게 되었음을 뜻한다. 따라서, 시민 개개인이 환경에 대한 건전한 의식을 보유하고, 이에 대하여 일상 생활에서 자연스레 다룰 수 있도록 민간 차원의 교육 및 노력이 지속적으로 이루어져야 한다.

참고문헌

Waltz, Kenneth N. *Man, the State, and War: A Theoretical Analysis.* New York: Columbia University Press, 1959.

한경 MOOK, 『ESG 개념부터 실무까지 K-기업 서바이벌 플랜』(서울: 한국경제신문, 2021), p. 14.

Working Group II to the Sixth Assessment Report. "2022: Point of Departure and Key Concepts. In: Climate Change 2022: Impacts, Adaptation and Vulnerability." Intergovernmental Panel on Climate Change(February 27, 2022) at https://www.ipcc.ch/report/ar6/wg2/downloads/report/IPCC_AR6_WGII_Chapter01.pdf(검색일: 2022. 12. 12).

Patrick, Bolton and others. "The green swan: Central banking and financial stability in the age of climate change." The Bank for International Settlements(January 2020) at https://www.bis.org/publ/othp31.pdf(검색일: 2022. 12. 14).

Myles, Allen and others. "2018: Summary for Policymakers. In: Global Warming of 1.5°C." The Intergovernmental Panel on Climate Change(May 15, 2018) at https://www.ipcc.ch/site/assets/uploads/sites/2/2022/06/SPM_version_report_LR.pdf(검색일: 2022. 12. 13).

에너지정책소통센터. "IPCC 제6차 평가보고서 제1실무그룹 보고서 주요 내용." 한국에너지정보문화재단(2021년 8월 11일). https://www.etrans.or.kr/lib/download.php?no=4147&file_name=IPCC+%EB%B3%B4%EA%B3%A0%EC%84%9C+%EC%A3%BC%EC%9A%94+%EB%82%B4%EC%9A%A9.pdf&save_file=a_202108111350200.pdf(검색일: 2022. 12. 11).

WMO designated Global Producing Centres. "WMO Global Annual to Decadal Climate Update." World Meteorological Organization(2021) at https://library.wmo.int/doc_num. php?explnum_id=11174(검색일: 2022. 12. 13).

Committee for Development Policy. "Global Governance and Global Rules for Development in the Post-2015 Era." United Nations(June 2014) at https://www.un.org/en/development/desa/ policy/cdp/cdp_publications/2014cdppolicynote.pdf(검색일: 2022. 12. 12).

Brundtland Commission(formerly the World Commission on Environment and Development). "Report of the World Commission on Environment and Development: Our Common Future." United Nations Environment Programme(March 20, 1987), at https:// sustainabledevelopment.un.org/content/documents/5987our-common-future.pdf(검색일: 2022. 12. 14).

The General Assembly. "Resolution adopted on the reports of the Second Committee: General Assembly-Forty-third Session." United Nations(December 6, 1988) at https://www.ipcc.ch/site/ assets/uploads/2019/02/UNGA43-53.pdf(검색일: 2022. 05. 23).

산업자원부자원정책과, 에너지경제연구원 기후변화대책연구실. "기후변화협약과 교토의정서(UNFCCC & The Kyoto Protocol)." 사업자원부, 에너지경제연구원(2002년 07월). https://www.motie.go.kr/common/ download.do?fid=bbs&bbs_cd_n=72&bbs_seq_n=886&file_seq_ n=1(검색일: 2022. 12. 11).

Nicholas, Fedson and others. "RE100 annual disclosure report 2021." CDP(January 2022) at https://www.there100.org/sites/re100/ files/2022-01/RE100%202021%20Annual%20Disclosure%20 Report.pdf(검색일: 2022. 12. 12).

Rachel, Bartels and others. "Winning in a Circular Economy : Practical steps for the European chemical industry." Accenture(2020) at https://www.accenture.com/_acnmedia/PDF-117/Accenture-Winning-In-A-Circular-Economy-Executive-Summary(검색일: 2022. 12. 12).

진달래. "'지구 기온 1.5도 상승 억제' G20 약속… 1.5도가 뭐길래."『한국일보』(2021년 11월 1일). https://www.hankookilbo.com/News/Read/A2021110110530003571(검색일: 2022. 05. 20).

이근영. "5년 내 산업화 이전보다 지구온도 1.5도 상승 확률 50%."『한겨레』(2022년 5월 10일). https://www.hani.co.kr/arti/society/environment/1042220.html(검색일: 2022. 05. 20).

정한교. "EU의 CO2 규제, '친환경차 확대'에 탄력 받나."『인더스트리 뉴스』(2020년 03월 08일). https://www.hankookilbo.com/New0Read/A2021110110530003571(검색일: 2022. 05. 20).

최지은. "가치에 민감한 Z세대 '기업도, ESG도 믿지 않는다'."『조선일보』(2021년 10월 19일). https://www.chosun.com/national/national_general/2021/10/19/LFPP3SZ6SBC3RB6IDMJITII23E/(검색일: 2022. 05. 13).

문화체육관광부 국민소통실. "ESG 경영 확산으로 따뜻한 자본주의 시대를 열겠습니다."『대한민국 정책브리핑』(2021년 04월 01일). https://www.korea.kr/news/visualNewsView.do?newsId=148885724(검색일: 2022. 12. 12).

율촌. "비상경제 중앙대책본부, 'ESG 인프라 확충 방안' 발표."『법률신문』(2021년 11월 11일). https://m.lawtimes.co.kr/Content/Article?serial=174214(검색일: 2022. 12. 12).

정원식. "'기후파업' 올해의 단어로 선정."『경향신문』(2019년 11월 8일). https://m.khan.co.kr/world/world-general/article/201911082103005#c2b(검색일: 2022. 05. 15).

이근영. "'기후학교 파업' 시위로 세상 깨워 … 분노하고 저항하는 '지구
　　변호인'." 『한겨레』(2020년 10월 20일). https://www.hani.co.kr/arti/
　　society/environment/966412.html(검색일: 2022. 05. 17).

외교통상부대변인. "기후변화협약 교토의정서 비준." 외교부(2002년 11월
　　11일). https://www.mofa.go.kr/www/brd/m_4080/view.do?seq
　　=289648&srchFr=&srchTo=&srchWord=&srchTp=&multi_itm_
　　seq=0&itm_seq_1=0&itm_seq_2=0&company_cd=&company_
　　nm=&page=1378(검색일: 2022. 06. 04).

기획재정부. "쿄토의정서." 시사경제용어사전(2020년 11월 03일). https://
　　www.moef.go.kr/sisa/dictionary/detail?idx=2585(검색일: 2022. 06.
　　13).

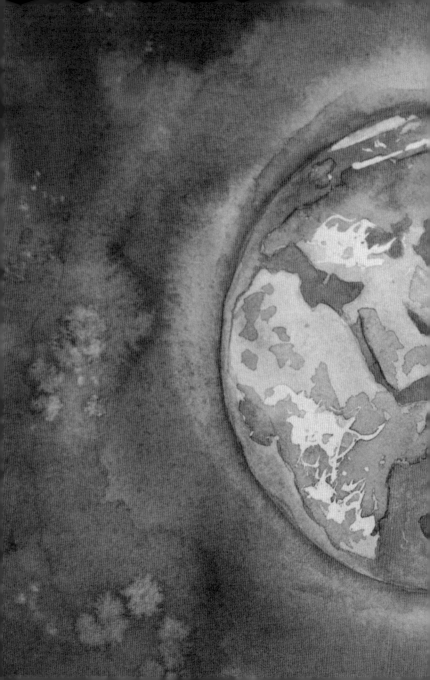

2

기후위기대응에 관한 국제질서의 변동

: EU의 리더십과 한국에 시사점

—

한양대학교 정치외교학과 | **김주혜**

기후위기대응에 관한 국제질서의 변동
: EU의 리더십과 한국에 시사점

—

한양대학교 정치외교학과 **김주혜**

요약문

기후위기에 대응하는 국제질서는 유럽연합EU의 주도에 의해 교토체제에서 파리체제로 진화했다. 이 글은 글로벌 강대국이면서 동시에 온실가스 최대 배출국인 미국, 중국은 패권국에 마땅히 기대되는 리더십을 발휘하지 못했으며, 이 공백은 EU에 의해 성공적으로 메워졌다고 주장한다. EU는 탄소감축목표를 선도적으로 달성하고 있으며, 파리체제의 구속력의 보완으로서 탄소국경조정제도를 운영하며 리더십을 증명하고 있다. 이 글은 EU 리더십의 대내적, 대외적 추동요인을 살펴보고 리더십의 성과와 한계를 검토한 뒤, 중견국으로서 기후위기에 잘 대응하고 있지 못한 한국에 주는 시사점을 정리한다.

핵심어 기후위기, 국제질서, 미국, 중국, 유럽연합(EU), 한국

I. 서론

기후위기의 현재

기후위기는 국제사회가 당면한 실존하는, 시급한 위협이다. 2021년에 발표된 제6차 IPCCIntergovernmental Panel on Climate Change 보고서는 기후위기는 인간의 행위가 야기한 결과물이며, 2021~2040년 안에 지구 평균 기온이 1.5℃

상승할 가능성이 크다고 지적하고 있다.[1] 지구 평균 기온의 1.5℃ 상승은 하루 평균 기온의 상승과는 달리, 지구가 스스로 온도를 조절하는 자정 능력의 손상을 의미한다. 지구의 자정 능력이 손상되면 극한기상 사건의 강도와 빈도가 커질 것으로 예측된다. 지구 평균 기온의 상승에 따른 폭염, 가뭄, 폭우 등의 극한기상 사건은 일시적인 현상이 아니며, 지속적으로 인류의 생존을 위협하는 재난의 형태로 나타날 것이다. 따라서 이 글은 지구 평균 기온 상승과 이에 따른 기후위기를 인류의 의식주에 직접적인 영향을 미치는, 인간안보에의 주요 위협 원인으로 규정한다.

먼저, 기후변화로 인한 극한기상 사건은 식량위기와, 공급망의 혼란을 초래한다. 최근 밀 가격 폭등이 인플레이션과 겹쳐 발생하며 전 세계 경제, 세계시민들의 식탁을 흔들고 있다. 올해 국제 밀 가격은 60% 이상 급상승했는데, 세계 두번째 밀 생산국인 인도의 연이은 폭염,[2] 미국 중부지방과 프랑스, 이란 등의 주요 곡창지대의 가뭄으로 인한

---

1 『기후변화 2021 : 과학적근거 정책결정자를 위한 요약본 번역』IPCC(2021년 8월 7일), pp. 9-11, https://www.keep.go.kr/portal/144?action= read&action-value=bfb341fb2f09c228d1adb3096b791c7e&page=1&tags=%EC%A0%95%EC%B1%85(검색일 : 2022.06.00). (뉴욕: 캠브리지 대학 출판부, 2021), pp. 3-14.

2 조기원, "'세계 두 번째 밀 생산국' 인도 수출 금지에 국제 밀 가격 급등",

영향이 크다. 여기에 러시아의 우크라이나 침공은 밀 공급망을 더욱 마비시키고 있다. 지구 평균 기온의 상승폭을 제한하지 못한다면 이러한 극한기상 사건의 빈도가 증가할 것이며, 식량 생산량 변동에 따른 공급망의 불안정성 또한 커질 것이다. 불안정한 공급망 아래에서 국가 행위자들이 국익 증대화와 자국민 보호를 최선의 목표로 상정한다면, 식량의 무기화 또한 우려된다.

또한 기후변화로 인한 극한기상 사건은 인류의 삶의 터전을 앗아간다. 국제이주기구는 2050년에 이르면 기후 난민이 최대 10억 명 발생할 것으로 예측하고 있다.[3] 즉 기후위기는 지구를 '거주 불가능한 지구'로 변신시키는 것이다.

한편, 기후위기는 불평등한 위기이다. 사하라 이남의 아프리카 지역과 아시아 지역에서 기후 난민의 수가 클 것으로 예측된다. 산업혁명의 최전선에서 빠른 개발과 발전을 이룩하며 산업화 이후 누적 탄소 배출양이 많은 현재 선진 국가들이 아닌, 개도국의 국민들이 기후변화로 인한 피

『한겨레』(2022년 05월 16일), https://www.hani.co.kr/arti/international/globaleconomy/1043106.html(검색일: 2022. 06. 15).

3 김기봉, "[날씨학개론] 전쟁만큼 무서운 기후변화…'기후난민' 확산", 『YTN 사이언스』(2021년 11월 09일), https://m.science.ytn.co.kr/view.php?s_mcd=0082&key=202111091604455332(검색일: 2022. 06. 15).

해를 떠안고 있기 때문이다.

이렇듯 기후위기와 환경 문제를 '하위 정치'의 하나로 이해하는 것은 시대착오적이다. 기후위기는 경제위기이자, 개개인의 먹거리와 살아갈 터전을 위협하는 위기이다. 전지구적인 협력이 있어야만 기후위기가 야기하는 무역, 통상, 식량, 주거의 문제에 대응할 수 있다. 이 점이 바로 기후위기를 대응하고 해결하기 어려운 이유이다. 기후위기에 대응하고자 하는 전지구적인 협력은 개인, 시민단체, 학교, 기업, 국가, 국제기구 등 다양한 행위자의 요구와 실행에 의해 발전되고 창출된다. 그러나 이 글에서는 특히 국가와 국제기구의 행위에 주목하고자 한다.

먼저 영향력의 측면에서 살펴보면, 기후위기의 가속도를 제한할 수 있는 유의미한 행위는 국가와 국제기구의 전통적 행위자의 유효한 리더십이 수반될 때 발휘될 수 있다. 플라스틱을 줄여 쓰고 전력을 아껴 쓰는 개인의 자발적, 양심적 행위는 물론 탄소 저감에 도움이 되지만, 국가

라는 전통적인 행위자가 갖는 강제력과 외교무대에서의
지위, 국제기구와 조약이 갖는 구속력을 바탕으로 한 기후
대응이 있을 때 더 큰 규모의 탄소감축을 이끌어낼 수 있
기 때문이다.

또, 책임의 측면에서, 국가와 국제기구는 국민의 생명과
인권을 보호할 일차적 책임을 진다. 그 증거는 개별 국가
의 헌법에서도, UN헌장에서도 찾을 수 있다. 국가를 기본
단위로 구성된 대표적인 국제기구인 UN은 그 헌장에서
국제평화의 안전의 유지를 위한 일차적인 책임을 UN안
전보장이사회에 부여하고 있다. 기후위기가 야기하는 식
량위기, 난민 등의 사태를 식량안보, 인간안보 등의 개념
과 연결해 기후위기로 인한 위협을 안보 문제로 상정한다
면 UN안보리의 책임과 그에 따른 행위를 창출할 수 있다.[4]
국가와 국제기구는 현 기후위기 대응 국제체제에서 그 책
임을 다하고 있는지 관찰하고, 그 책임이 발휘되지 못하고
있다면 그러한 원인을 분석할 필요가 있다.

4　김성원, "기후변화와 안보의 상관관계에 관한 일고찰 - 기후변화에 대한
UN 안전보장이사회 역할에 주목하며", 『원광법학』 제32집 2호(2016), pp. 10-
12, https://www-earticle-net-ssl.access.hanyang.ac.kr:8443/Article/
A278558.

즉, 국가와 국제기구라는 전통적 행위자가 갖는 능력과 책임에는 국제사회가 당면한 문제를 해결할 수 있을 거라는 마땅한 기대가 따르는 바, 이 글에서는 국제사회의 기후위기 대응을 국가와 국제기구 라는 전통적인 행위자를 중심으로 그 성과와 한계를 고찰해보고자 한다. 특히 전 지구적인 협력을 이끌어낼만한 국제적인 리더십은 어떤 행위자에게 기대되는지, 그리고 어떤 행위자에게서 나오고 있는지를 중점적으로 관찰한다. 먼저 기후위기에 대응하는 현재의 국제 질서를 간략하게 살펴보자.

기후위기 대응 국제질서 : 파리체제

IPCC 보고서의 진단과 가이드라인 하에, 국제사회는 산업화 이전과 비교해 2100년까지 지구 평균 온도 상승 폭을 1.5℃이내로 제한하겠다는 공동의 목표를 세웠다. 국제연합기후변화협약UNFCCC, United Nations Framework Convention on Climate Crisis 의 제21차 당사국 총회 Conference of the Parties, COP21 에서 채택된 파리협정 Paris Agreement 은 1.5℃로 지구 평균 기온 상승을 제한하고자 하는 목표를 명시하고 있으며, 이전의 교토체제를 대체하는 새로운 전지구적 기후체제로 평가된다.[5] 2022년 현재 유효하게 발효 중이다.

극한기상사건의 빈도를 제한하고 잠재적 기후난민의 의식주, 기본적인 인권을 보장할 수 있을지, 식량위기를 억제하고 이에 따른 공급망의 안전을 유지할 수 있을지는 파리체제의 성패에 달렸다. 따라서 파리체제의 특징과 성격을 분석해 파리체제의 성패를 예측해 기후위기에 대응하고자 하는 대표적인 국제질서가 유효하게 작동할 것인지 검토해볼 필요가 있다.

파리체제가 효과적으로 작동할 수 있을지 고찰한 연구[6]에서는 개별 국가의 자발적 감축에 의지하는 상향식 체제의 한계점,[7] 온실가스 최대 배출국이자 G2 국가인 미국과

---

5   김성진, "파리기후체제는 효과적으로 작동할 것인가?", 『국제정치논총』 제56집2호(2016), pp. 360-364.

6   김성진(2016), p. 359-401.

7   파리체제는 국가 별 탄소 감축 목표인 NDC의 제출에는 법적인 구속력을 부여해 강제하고 있으나, 이행에는 법적인 구속력을 부여하지 않아 개별국가의 감축 의지와 이행 능력에 탄소 감축을 맡기고 있다.

중국의 정책 의지와 리더십 발휘 가능성, 유럽연합이 발휘해 온 리더십의 지속 가능성, 교토체제의 CBDRCommon But Differentiated Responsibilities 의 변화로 인한 선진국과 개도국 간 책임 분배 문제의 해결 가능성을 중심으로 파리체제의 성패를 예측한다.

이 글은 해당 연구의 분석을 참고하여, 특히 미국과 중국, EU를 주요 행위자로 상정해 각각 정책적 의지에 따른 성과와 리더십을 발휘해왔는지 비판적으로 고찰해보고, 한국에 주는 시사점을 도출하는 것을 주 목적으로 한다. 온실가스 최대 배출국이자 G2 국가인 미국과 중국은 패권국으로서 국제 사회에서 마땅히 리더십을 발휘할 것이 기대되기 때문에 양국이 리더십을 발휘해왔는지 검토할 필요가 있다.

따라서 첫째, 기후위기에 대응하기 위한 국제체제 수립에 소극적이었던 미국과 중국의 리더십을 비판적으로 검토한다. 둘째, 미국과 중국 G2국가의 리더십의 공백을 메

우며 교토체제에 이어 파리체제의 수립과 이행을 이끌어
온 EU의 리더십 추동요인을 살펴보고 그 성과와 한계를
검토한다. 셋째, 파리체제와 EU의 리더십이 갖는 한계를
보완하는 방향으로 한국이 기후외교를 펼쳐야 함을 주장
한다.

미국과 중국 리더십의 공백

파리체제 성패의 직접적인 결정 요인은 은 탄소감축을
위한 미국과 중국의 정책 의지와 성과, G2국가로서의 리
더십 발휘를 통한 저탄소화로의 기여로 지적되고 있다.[8]미
국과 중국의 탄소배출양은 2015년을 기준으로 전 세계의
44%를 차지하고 있으며, 2020년을 기준으로 중국은 전
세계 탄소배출 1위, 미국은 2위를 유지하고 있다.[9] 2개의
개별 국가가 전 세계의 절반에 가까운 탄소를 배출하고 있

8　김성진(2016), p. 368.
9　2020년 중국은 9717MtCO2, 미국은 4405MtCO2를 배출하였다.
Enerdata, "2021년 연감", 세계 에너지 및 기후 통계(2022년 6월 28일),
https://yearbook.enerdata.co.kr/co2/emissions-co2-data-from-fuel-
combustion.html(검색일: 2022. 06. 15).

기에 그 책임이 크다는 것이다.

　또한 미국과 중국에게는, G2 국가로서 마땅히 패권적 리더십을 발휘할 것인지가 국제적으로 기대된다. 패권으로서의 리더십을 발휘하지 않는다면 국제사회의 동의와 인정의 측면에서 저조한 평가를 받을 것이고, 이는 장기적으로 '패권'의 지위와 영향력을 유지하는 데에 부정적인 영향을 낳을 것이기 때문이다. 따라서 패권적 리더십을 발휘할 수 있는 물질적 역량, 국가의 정책적 의지, 그리고 국제사회의 동의와 인정의 측면에서, 기후위기 대응 국제질서를 형성하는 데에 미국과 중국은 마땅히 기대되는 패권적 리더십을 유효하게 발휘해왔는지 고찰할 필요가 있다. 그 중에서도 특히 미국과 중국의 정책 의지와 성과, 국제사회의 동의와 인정이라는 팔로워십의 측면에서 미국과 중국의 리더십 발휘를 검증해보고자 한다.

미국의 정책적 의지와 성과

　먼저 미국의 정책적 의지는 그 일관성이 약하다. 미국은 기후위기에 대응하는 대표적인 기후체제인 교토체제와 파리체제의 탈퇴와 가입에서 난항을 겪었다. 부시 행정부의 교토 의정서 탈퇴, 트럼프 행정부의 파리기후협약 탈퇴와 바이든 행정부의 파리기후협약 재가입을 꼽을 수 있다. 부시 행정부와 트럼프 행정부는 공통적으로 국익 최우선 고려를 이유로 들며 각각 교토체제, 파리체제에서 물러났다.[10] 트럼프 대통령의 임기를 마치고 취임한 바이든 대통령은 취임 직후 첫 번째 공약으로 파리기후협약 재가입을 내걸었다. 이에 따라 트럼프 대통령의 파리기후협약 탈퇴는 일시적인 해프닝이었던 것으로 보일 수 있지만, 미국의 정치 지형과, 극도로 양극화된 최근의 여론을 관찰하면 기후위기와 관련한 미국의 정책적 일관성이 약하다는 것을 이해할 수 있다.

10　김주희, 안상욱, 이보고, 김은주, "EU 기후변화 대응과 에너지자원선택 – 미국, 중국과의 비교를 중심으로," 『유럽연구』 제38집 제3호(2020), pp. 53-54, 10.17052/jces.2020.38.3.51

양당제의 제도적인 환경은 최근 미국 국민들의 양극화된 정치성향과 결합하며 미국 특유의 정치 지형을 형성하였다. 기후 위기에 대응하는 행정부의 정책에 대한 평가는 유권자가 공화당과 민주당 중 어느 정당을 지지하는지에 따라 달랐다. 미국의 싱크탱크인 Pew Research Center의 2021년 조사 결과를 보면, 보수 성향을 띠는 미국인의 경우 현 정부의 기후위기 대응을 더욱 긍정적으로 평가하고, 기후위기에 대응하는 것이 내수경제에 악영향을 끼칠 것으로 평가하는 경향이 있다.[11] 물론 유권자는 지지하는 정당의 정책을 긍정적으로, 지지하지 않는 정당의 정책을 상대적으로 부정적으로 평가하는 경향을 가질 수 있다. 그러나 트럼프 대통령의 파리기후협약 탈퇴는 국제 협력을 거부하고 마비시키는 극단적인 행보로, "America First"라는 정치 구호를 정당화하고 강화하려는 독단적인 판단이었다. 국제사회에서 리더십을 발휘하기보다는 오히려 국제사회에 존재하는 협력을 후퇴시킨 행보를 긍정적

---

11   Brian Kennedy, Alec Tyson and Cary Funk, "Americans Divided Over Direction of Biden's Climate Change Policies : Several climate policies receive bipartisan support, despite Republicans and Democrats differing on overall approach", Pew Research Center(July 14, 2022), pp.3-7, at https://www.pewresearch.org/science/2022/07/14/americans-divided-over-direction-of-bidens-climate-change-policies/

으로 평가하는 것은, 정당 일체감을 바탕으로 지지하는 정당과 대통령의 선택을 무비판적으로 수용하는 유권자의 특성이다. 어느 정당을 지지하느냐에 따라 유권자의 판단이 갈린 것은 미국 국내 정치적 양극화가 반영된 결과로 해석할 수 있다.

이러한 미국의 정책적 의지의 비일관성은 최근에 강화된 것으로 보이지만, 이전에도 꾸준히 관찰되었다. 취임 행정부에 따라 이전 정부의 에너지 정책을 뒤집는 행태가 부시에서 오바마, 오바마에서 트럼프, 그리고 트럼프에서 바이든으로 지속적으로 반복되었다. 이에 따라 탄소감축량 또한 변화하였는데, 즉 미국의 극도로 양극화된 국내정치적 지형에서 비롯된 비일관적인 정책적 의지가 탄소감축 성과를 내는 데에 방해 요인으로 작용하고 있다고 해석할 수 있다.

한편 바이든 행정부의 미국은 2050년까지 탄소중립 넷제로를, 2030년까지 온실가스 배출량을 2005년 대비

50% 이상 감축하겠다는 목표를 세웠다. 앞선 정책적 비연속성은 차치하고, 바이든 행정부 시기를 거치며 미국이 2030년까지 온실가스 배출을 최대 50% 줄이고 2050년까지 탄소중립 넷제로 달성에 성공한다면 파리체제의 성공, 즉 지구 평균 기온 상승폭을 1.5℃로 억제하는 데 중대한 기여를 할 수 있을 것으로 평가 및 전망된다.[12] 바이든 행정부의 정책적 의지가 성과로 나타나 2030년까지 탄소 감축목표 달성에 성공한다면, 그동안 저조했던 기후위기 대응에서의 미국의 리더십을 긍정적으로 재평가해볼 수 있겠다.

정리하면, 기후위기 대응 국제질서를 이끌기보다는 탈퇴와 가입을 번복하며 기후체제의 혼란을 초래한 미국의 비일관적 정책적 의지는 미국이 패권국이자 G2 국가로서 마땅히 행사하기로 기대되는 리더십을 발휘해오지 않았다. 그러나, 최근 바이든 행정부는 파리체제 성공을 위한 적절한 수준의 NDC를 제출하며 정책적 의지를 보이고 있다.

---

12 해외분석팀, "세계 에너지시장 인사이트: 2050 탄소중립 달성을 위한 미국의 장기 전략", KESIS 국가에너지통계종합정보시스템(2021년 11월 29일), http://www.keei.re.kr/insight?open&p=%2Fweb_energy_new%2Finsight.nsf%2Fview_detail%2F17FF2D3DD4436FC5492587990020348A&s=%3Fopendocument%26menu%3Dinsight%26doctype%3D2%26opentype%3Dembeded(검색일: 2022. 06. 15).

중국의 정책적 의지와 성과

중국의 정책적 의지는 미국과는 달리 일관되며, 대체에
너지 사업을 위한 초석을 다지며 탄소감축에의 의지를 보
인 것으로 평가된다.[13] 먼저 중국은 기후위기로 인한 극한
기상사건이나 자연재해로 인한 자국민들의 직접적인 피해
를 경험하며 국내적으로 기후위기에 대응할 필요성을 체
감하였으며, "2030년 이전 탄소 배출 정점, 2060년 이전
탄소중립"이라는 목표를 수립하였다. 탄소중립 목표 이행
을 위해 "1+N" 정책을 함께 출범시켰다.[14] 즉, 기후위기 대
응 국제질서를 수용할 국내적 추동 요인이 존재했음을 알
수 있고, 이는 정책적 의지로 환원되었다.

하지만 중국의 탄소중립 목표는 1.5℃ 상승 저지라는 파
리체제의 목표를 달성하기에는 탄소중립 실현 목표를 타
국에 비해서 느슨하며, 급속도의 경제 성장과 동시에 탄
소 배출 전 세계 1위 국가로 자리매김한 중국은 탄소배출

---

13 김주희, 안상욱, 이보고, 김은주(2020), pp. 61-70.
14 오종혁, 이효진, "중국의 탄소중립 정책 주요 내용 및 전망", KIEP 대외경제
정책연구원(2022년 1월 20일), p. 5. https://www.kiep.go.kr/gallery.es?mid=a
10102030000&bid=0004&list_no=9920&act=view(검색일: 2022. 06. 15)

양 자체가 많아 감축에 어려움을 겪고 있는 것으로 평가된다.[15] 먼저 중국의 탄중립목표가 2060년을 기점으로 한다는 것은 미국의 탄소중립 목표인 2050년보다 시기 상으로 10년 뒤로, 상대적으로 보수적인 목표를 설정하고 있다고 이해할 수 있다. 1.5℃로 상승폭을 제한하고자 하는 파리체제 목표 달성을 위해 중국의 탄소 배출 정점 시기를 앞당길 것을 미국이 요청하였으나, 중국은 파리체제에서는 선진국과 개도국 간의 차별화된 책임 CBDR : Common But Differentiated Responsibilities 을 이유로 들며 거절하였다.[16] 여기에는 탄소 배출을 급속도로 줄이기보다는 점진적으로 줄이며 지금의 성장세를 지나치게 빠르게 감소시키지 않으려는 의도가 반영된 것으로 유추할 수 있다.

파리체제가 제안하는 국가 별 탄소 감축 의무는 개별 국가의 대내적인 감축에 의존하며, 이에 따라 개별 국가는 자국의 사정에 맞추어 NDC Nationally Determined Contributions 계획을 수립한다.[17] 파리체제가 허용한 이러한 개

---

15 김주희, 안상욱, 이보고, 김은주(2020), pp. 61-70.

16 오종혁, 이효진(2022), p.12.

17 파리기후협약 4조 4항, "선진국인 당사국은 경제 전반에 서 절대적인 배출량 감축목표를 떠맡음으로써 계속 선도해야(shall) 한다. 개도국인 당사국은 감축노력을 계속 제고해야(should) 하고, 차별화되는 국가 상황이라는 관점에서 경제 전반에서의 배출량 감축 혹은 제한이라는 목표를 향해 점점 나아갈 것

별 국가의 유연성은 중국의 탄소 감축 의지에서 발견된다. 2022년 1월 발간된 세계경제포커스의 중국의 탄소중립 정책 주요 내용 및 전망 보고서에서는 중국은 파리체제의 거시적인 목적보다는, 국내의 사정에 맞추어 점진적 감축을 할 것으로 전망하고 있다.[18] 특히 탄소중립 목표 이행 과정에서 전력 소비를 통제하며 2021년 대규모 전력난, 제조업 생산 차질 등 부작용을 겪었으며, 비화석에너지 분야에서의 투자를 확대하고는 있으나 재생에너지의 기술 기반이 안정적이지 않은 점을 근거로 들고 있다.[19]

국제사회의 동의와 인정

국제사회의 동의와 인정의 측면에서 미국과 중국은 저조한 평가를 받고 있다. 미국의 싱크탱크인 Pew Research Center의 설문조사 자료를 인용하여 미국과 중국의 기후위기 대응 리더십에 대한 국제사회의 인식을 검토해보고

이 장려된다."
18　오종혁, 이효진(2022), p.12.
19　김주희, 안상욱, 이보고, 김은주(2020), pp. 71-72.

자 한다. 유럽연합, UN, 미국, 중국 등의 행위자가 각각 기후위기에 잘 대응하고 있는지를 묻는 설문에서, 유럽연합의 경우 63%의 응답자가, UN의 경우 56%의 응답자가 그렇다고 응답한 반면 미국의 경우 36%의 응답자가, 중국의 경우 18%의 응답자가 그렇다고 응답했다.[20] 미국과 중국의 경우 기후위기 대응 리더십에 대한 국제사회의 인정이 특히 낮으며, 국제사회의 시민들은 이 리더십의 공백을 UN 또는 유럽연합에서 찾고 있는 것으로 해석할 수 있다. 미국이 그간 보여온 정책적 비일관성에 대한 비판과, 현재 세계 1위의 온실가스를 배출하고 있는 중국에 대한 비판이 반영된 결과일 것이다.

　물론 이 설문은 미국, 캐나다, 그리스, 이탈리아, 스페인, 영국, 벨기에, 프랑스, 네덜란드, 스웨덴, 독일, 싱가폴, 한국, 일본, 호주, 대만, 뉴질랜드 국민을 대상으로 한 설문으로, 국제사회 시민 전체의 의견을 대표한다고 보기는 어렵다. 그러나 여전히, 유럽연합과 UN에 대한 높은 평가와는 대비되는

20　　James Bell, Jacob Poushter, Moira Fagan and Christine Huang, "In Response to Climate Change, Citizens in Advanced Economies Are Willing To Alter How They Live and Work: Many doubt success of international efforts to reduce global warming", Pew Research Center(September 14, 2021), pp.16-21, at https://www.pewresearch.org/global/2021/09/14/in-response-to-climate-change-citizens-in-

미국과 중국 G2 국가에 대한 낮은 평가는 해당 두 국가가 기후위기 대응에 있어 국제사회 시민들의 팔로워십, 즉 동의와 인정을 받지 못하고 있음을 설명하는 데는 유효하다.

한국 시사in의 기후위기 특집 기사의 여론조사에서도 유사한 결론을 도출할 수 있다. 기후위기의 책임을 국가와 집단 별로 여론조사 참여자에게 질문한 응답 1위 중국(93.3%), 2위 미국(84.7%), 3위 OECD 선진 국가(84.6%), 5위 글로벌 대기업(83.9%), 7위 전 세계 시민 개개인(64.7%), 9위 유엔 및 국제기구(61.3%) 가 관찰되었다. 해당 설문 결과는 미국과 중국의 기후위기 대응에 책임을 묻고 있다. G2 국가임과 동시에 온실가스 최대 배출국인 두 국가가 기후위기에 대응할 필요성이 있음을 시민들 역시 인식하고 있는 것이다. 마땅히 기대되는 패권국으로서의 책임에 응답하지 못할 때, 이미 낮은 국제사회 시민들의 팔로워십은 더욱 악화할 것이며, 미국과 중국은 패권국으로 기능하기를 바란다면 그동안 부족했던 리더십을 강화해 국제사

advanced-economies-are-willing-to-alter-how-they-live-and-work/
(검색일: 2022. 05. 17).

회의 동의와 인정을 이끌어야만 할 것이다.

이 글에서는 미국과 중국이 공백 상태로 둔 기후위기 대응 질서를 이끌어 온 리더십의 주역을 유럽연합으로 상정하고, 그 추동요인과 성과 그리고 한계에 주목한다. 이에 따라 미국과 중국이 다시 G2국가 또는 패권국으로서 마땅히 발휘했어야 하는, 또는 앞으로 발휘해야 하는 리더십의 방향성을 제시하거나 가능성을 전망하지는 않는다. 이 글의 본론 Ⅱ 부분에서는 미국과 중국에 대한 낮은 신뢰와 대비되는 유럽연합에 대한 신뢰에 주목하여 미국과 중국이 공백 상태로 둔 기후위기 대응 리더십을 유럽연합이 대신해서 발휘하였음을 살펴본다.

미국과 중국의 협력 가능성

한편2021년 미국과 중국은 유엔기후변화협약 당사국총회COP26 에서 '2020년대 기후 대응 강화에 관한 미중 글

래스고 공동선언'을 발표하며 기후위기 대응에 있어서 협
력을 창출해내려는 정책적 의지와 움직임을 보였다. 미국
과 중국이 전략경쟁, 무역전쟁을 이어가기보다는 기후 분
야에서 G2 국가로 앞장서서 협력하는 모습을 보일 때, 유
럽연합의 단독적인 리더십은 약화되거나 분리될 것으로
예측할 수 있다. 앞으로의 전망을 지켜보아야 할 필요가
있겠다.

II. EU의 리더십의 추동요인과 성과

리더십의 추동요인

서론에서 살펴본 기후위기에 대응하는 현재의 국제체
제는 파리체제로, 이전의 교토체제에서 진화한 체제로 이
해할 수 있다. EU는 교토체제의 수립과 이행에서 주도적

인 역할을 수행하며 미국의 리더십을 대체하였으며, 파리 체제의 목표 달성을 위한 리더십을 아직까지도 공백에 가까운 상태로 남겨 두고 있는 미국과 중국의 리더십을 보완함과 동시에 파리체제의 약한 구속력을 보완하는 경제적 제도를 선도적으로 운영하고 있다.

이러한 EU의 리더십은 어떠한 조건과 환경 하에서 발현되기 시작했는지, 특히 대내적인 추동요인과 대외적인 추동요인으로 나누어서 다층적으로 살펴보고자 한다.

대내적인 추동요인

유럽연합의 대내적인 추동요인은 대표적으로는 시민사회의 높은 요구에서 비롯되었다. 지금으로부터 20년 전의 유로바로미터Eurobarometer 여론조사에서 "환경보호가 유럽의 우선순위가 되어야 한다."는 응답은 88%였다. 정하윤은 유럽 시민사회의 기후변화 관심이 높았으며, 기후의제에 대한 관심과 지지가 지속적으로 강화되고 확대되었다고 주장한다.[21] 미국 싱크탱크 Pew Research Center 2018년 조사를 보면 20년이 지났음에도 불구하고 기후위기를 유럽의 최대 위협으로 꼽는 시민사회의 관심이 유지되었음을 알 수 있다. 자국에의 주요 위협이 1위 기후변화(71%), 2위 이슬람 무력 단체ISIS(68%)로 꼽혔다.[22]

　유럽연합에서 눈에 띄는 것은 특히 청년 세대의 강한 요구, 그리고 요구의 정치 반영이다. 2018년 8월 스웨덴 소녀 그레타 툰베리가 쏘아 올린, '미래를 위한 금요일Friday For Future'이라는 등교 거부 환경 운동이 영국, 벨기에, 프랑스, 독일 등의 유럽 주요국으로 퍼져나갔고, 유럽을 넘어 호주, 일본으로, 그리고 우리나라에도 영향을 미칠 정도였다. 2019년, 영국의 야당(노동당, 자유민주당, 녹색당) 대표들과 그레타 툰베리가 만나 토론회를 가지는 등 적극적으로 청년 세대의 요구를 경청하는 태도를 보였다.[23]

　시민사회의 요구뿐 아니라 기업, 환경단체 등의 다양한 단위의 행위자들 역시 기후위기에 대응하는 체제의 필요

21　정하윤, "유럽연합의 기후변화 리더십에 대한 연구", 『국제정치논총』 제53권 3호(2013), p. 350.
22　Jacob Poushter and Christine Huang, "Climate Change Still Seen as the top Global Threat, but Cyberattacks a Rising Concern", Pew Research Center(February 10, 2019), at https://www.pewresearch.org/global/2019/02/10/climate-change-still-seen-as-the-top-global-

성을 인정하고 협조한 것이 유럽연합의 기후대응 리더십의 또다른 대내적 추동요인으로 평가된다.[24] 특히 기후위기에 대응하고 탄소를 감축하고 산업의 구조를 수정하는 것은 엄청난 비용을 수반하고, 이는 회원국 또는 유럽연합이 '국가' 단위에서만 부담할 수 있는 수준이 아니며, 그렇게 해서는 탄소감축 목표를 달성할 수도 없는 일이다. 필연적으로 규제를 수반하므로 기업과 산업계의 반발은 자연스럽게 예상되는 지점이다. 정하윤은 EU의 기후변화 완화 비용이 다른 국가에 비해 낮지 않았는데도 불구하고, EU의 산업계의 경제적 이익이 교토의정서의 비준을 방해하지 않았다는 점에 주목한다.[25] 오히려 기업들은 교토의정서에 따른 탄소감축의 필요성에 동의하며 다양한 단체에 가입했고, 비화석에너지(신재생에너지) 개발에 주목하며 비즈니스적 해법에도 관심을 기울였다.[26]

유럽 환경단체들은 특히 EU의 의사결정 자문역할을 통해 유럽연합의 공식적인 의사결정에 비교적 직접적으로

threat-but-cyberattacks-a-rising-concern/(검색일: 2022. 06. 20).

23 문가영, "유럽 기후변화 시위 이끄는 10대들", 『매경Economy』(2019년 4월 30일), https://www.mk.co.kr/economy/view.php?sc=50000001&year=2019&no=275420(검색일: 2022. 06. 15).

24 정하윤(2013), pp. 346-351.

25 정하윤(2013), p. 351.

기여할 수 있었으며, 국가로부터 자금을 지원받아 단체 운영의 안정성 또한 어느 정도 증가했다.[27] 또, 유럽의회 내 녹색당을 통해 유럽연합의 정치에, 또는 각국 회원국의 정치에 영향력을 행사한 것으로 평가된다.

청년, 기업, 환경단체의 행위자들뿐 아니라 EU 차원에서도 EU의 행정부 역할을 하는 집행위원회를 중심으로 교토의정서의 이행을 가속화할 조치와 대응이 제안되었고, 특히 배출권거래제의 시행에 있어 핵심적인 역할을 담당한 것으로 평가된다. 뿐만 아니라 EU의 입법부 역할을 하는 유럽의회 내 녹색당 대표가 증가하였다. 2019년에 치러진 유럽의회 선거에서도 녹색당은 좋은 성적을 냈다.[28] 독일과 영국은 대표적으로 회원국 중에서도 기후위기 대응에 있어 리더십을 발휘한 것으로 평가된다. 또, 유럽연합의 경제적, 정치적 통합을 극대화시킨 것으로 평가되는 1987년의 단일유럽의정서 이후 다수의 환경입법이 창출되었다.[29]

---

26 지속가능에너지를 위한 기업협의회(Business Council for Sustainable Energy Future), 유럽풍력에너지협회(European Wind Energy Association), 국제폐열발전연합(International Cogeneration Alliance) 등의 단체 가입.

27 정하윤(2013), pp. 347-348.

28 "유럽의회 선거: 기성정당 몰락, 극우 정당과 녹색당 등극", BBC NEWS 코리아(2019년 5월 27일), https://www.bbc.com/korean/international-

정리하면, 유럽연합 내의 사적 영역과 공적 영역의 다양한 행위자들은 공통적으로 기후위기에 대응할 필요성에 공감하였고, 유럽의회 국민투표, 또 각 회원국의 투표에 이러한 요구가 민주적으로 반영될 수 있는 제도적 기틀이 있었다. 이러한 대내적인 추동요인은 유럽연합으로 하여금 다양한 행위자의 요구에 응답해야만 하는 과제를 수용하고, 또 그 과제를 수행하기 위한 역량을 발휘하는 기제로 작동했다.

대외적인 추동요인

유럽연합이 기후위기 대응 국제질서의 리더로 기능할 수 있었던 대외적인 추동 요인은 미국이 환경리더로 기능함을 거부함에 따라 발생한 공백에서 비롯된다. 앞서 살펴본 미국의 비일관적인 정책적 의지는 미국이 환경리더로 기능하지 않았음을 의미한다. 특히 부시 행정부 출범 이후, 그리고 중국이 지금과 같이 괄목할만한 성장을 시작하

48419355(검색일: 2022. 6. 14).

29   문병효, "유럽연합(EU)의 기후변화에 대한 정책과 법제도", 『유럽헌법연구』 제 26호(2018), pp. 32-33, 10.21592/eucj.2018.26.29

기 전의 시기에는 미국이 국제사회의 유일한 패권국이었
다. 이러한 구조 속에서 부시 대통령은 2001년 교토의정
서로 탈퇴하고, 다자주의에 기반한 외교를 지속하기보다
는 미국의 국익 추구를 최우선에 두고, 교토의정서와 같
이 구속력 있는 국제협약에 가입하기를 거부하였다고 평
가된다.[30]

　정하윤은 기후위기 대응 국제질서를 구축해가는 국제
협상테이블에서 미국이 이탈한 이후 유럽연합이 국제질
서 구축에서 리더십을 발휘할 기회를 목도하게 되었다고
주장한다. 국제적으로 리더십을 발휘하기로 기대되는 주
체가 리더십을 발휘하기를 거부한다면, 다른 주체가 그 리
더십을 대체해서 발휘하게 된다. 유럽연합은 미국이 스스
로 만든 리더십의 공백을 기회 삼아 이 시기부터 교토의
정서의 수립과 이행을 이끌기 시작했다고 볼 수 있다.

　교토체제에서 파리체제로 가는 과정에서도, 파리체제
의 NDC를 주기적으로 제출하며 파리체제를 관리하는 과

30　정하윤(2013), pp. 345-346.

정에서도 미국과 중국의 이렇다 할 리더십은 앞서 언급하였듯 찾아보기 어려웠다. 미국은 탈퇴와 재가입을 반복하며 국제사회의 신뢰를 잃었으며, 중국은 탄소감축 목표를 다소 느슨하게 잡으며 1.5℃로 지구 평균 기온 상승폭을 제한하고자 하는 파리체제의 성공은 불투명하게 만들었다. 패권국의 리더십의 공백이 이어지면서, 유럽연합은 교토 체제의 출범에서부터 성공적으로 발휘한 리더십을 파리체제의 출범과 이행 과정에서도 성공적으로 이어오고 있다.

다음으로, 파리체제의 약한 구속력 또한 유럽연합이 더 강력하게 리더십을 수행하고자 하는 의지를 자극하는 기제로 작동했을 수 있다. 유럽연합은 파리체제의 목표 달성을 위한 국제 협력에 경제적 구속력을 부여해 각국의 감축의지를 이끌어내기 위해 탄소국경조정제도Carbon Border Adjustment Mechanism를 도입했다. 탄소국경조정제도는 온실가스 감축노력이 미흡한 국가에서 제품을 수입할 때 관세를 부과하는 것으로, 무역 및 경제 환경을 이용해 교역 상대국의 온실가스 감축 의지를 끌어올릴 수 있는 역할을 한다.

유럽연합 대내의 다양한 사적, 공적 영역의 행위자들은 기후위기 대응에 대한 의지가 강하며 이는 정책으로 치환되어 나타나고 있다. 그리고 이 결과 유럽연합은 기후위기 대응에 있어 명실상부의 국제적 리더십을 발휘한 것이 국제사회의 팔로워십을 통해 나타나고 있고, norm-shaper로 기능하는 것을 유럽연합이 이익과 일치시킨다면, 유럽연합은 그 리더십을 더욱 공고히 하고 유지하기를 원할 것이며, 파리체제의 성공이라는 성과를 통해 그 리더십을 증명할 동인이 존재한다고 유추해볼 수 있다.

그런데 파리체제는 NDC에서 국가들의 감축을 자국의 사정을 고려한 형태로, 국가의 역량에 맡기고 있다. 이 구속력의 공백을 메우기 위한 경제 카드로 탄소국경조정제도를 운용하며 국제 제도, 레짐과는 또다른 영역에서 파

리체제 성공을 위한 리더십을 수행하고 있는 것으로 이해
할 수 있다.

EU 리더십의 성과와 한계

온실가스 감축 성과

대내적, 대외적으로 다양한 요인에 의해 추동된 EU 리
더십의 성과를 판단해보기 위해서, EU는 탄소감축 목표
를 어느 정도 수준으로 성공적으로 달성해오고 있는지, 그
리고 EU의 온실가스 감축 목표를 시장메커니즘을 활용
하여 집행하기 위한 배출권거래제는 그 효과가 있는지 검
토해보고자 한다.

교토체제의 수립과 이행, 파리체제의 수립과 이행을 주
도해 온 유럽연합의 역할 이외에 유럽연합이 단일 행위자
로서 탄소감축의 측면에서 어떠한 성과를 냈는지 검토해
보며 미국과 중국의 성과와 비교해 유럽연합의 리더십을

양적으로 고찰해보고자 한다.

먼저 EU의 온실가스 감축 노력은 '2020 기후 및 에너지 패키지'(일명 20-20-20패키지)가 가장 대표적이다. 2020 기후 및 에너지 패키지는 세 가지 주요 목표를 담고 있다. 2020년까지 하나, 1990년 수준의 20% 감축, 둘, 재생에너지 활용량을 20%로 증가, 셋, 유럽연합 에너지효율성 20% 개선이다. 이 세 가지 목표를 충족하기 위해 유럽연합은 전 세계에서 최초로 공적, 경제적 강제력을 갖는 배출권거래제를 도입한 것으로 평가된다.[31]

EU는 20-20-20 패키지를 2014년에 조기달성하였으며, 2030년의 탄소 감축 목표는 감축량을 초과 달성할 것으로 전망된다.[32] 이러한 탄소감축 성과에 대한 긍정적 전망과 자신감을 바탕으로 기존에 1990년 수준 대비 40%를 감축하겠다는 2030년의 목표를 50-55% 감축으로 상향하는 내용을 2019년 유럽 그린딜 발표에 담았으며, 이는 유럽 기후법 입법을 통해 최종적으로 확정되었다.[33]

---

31 문병효(2018), pp. 33-36.

32 김주희, 안상욱, 이보고, 김은주(2020), pp. 71.

33 장영욱, 오태현, "KIEP 세계경제포커스: EU 탄소감축 입법안('Fit for 55')의 주요 내용과 시사점.", KIEP 대외경제정책연구원(2021년 7월 22일), https://www.kiep.go.kr/gallery.es?mid=a10102030000&bid=0004&act=view&list_no=9666(검색일: 2022. 06. 14).

　이에 따라 EU 집행위원회는 2021년, 2030년까지의 탄소감축 목표를 달성하기 위한 입법안 패키지인 'Fit for 55'를 발표하였다. 배출권거래제의 적용 대상을 확대하고, 기준을 강화할 것으로 보인다. 우선, 기존의 배출권거래제의 성과를 살펴보자면, 2005년에 배출권거래제의 첫 시행 후 온실가스 배출량이 42.8% 감소했다.[34] 즉 배출권거래제는 온실가스 감축에 유의미한 성과를 내는 제도로 평가할 수 있다.

　배출권거래제가 온실가스 감축에 유효한 역할을 하고 있음이 검증된 바, 또, 2030년의 탄소감축 목표를 상회하여 조정한 바, EU는 배출권거래제의 적용 대상을 기존의 철강, 전기, 알루미늄, 화학, 시멘트, 역내 항공 등에서 해운, 육상운송 및 건축물 부문으로 점진적으로 확대할 계획을 발표하였다.

34　김주희, 안상욱, 이보고, 김은주(2020), p. 55.

EU 리더십의 한계

그러나 배출권거래제는 완전하지 않다. 시장메커니즘과 함께 운용되는 정책이기 때문에, 경제위기 등의 변수는 배출량에 큰 변화를 초래하기 때문이다. 특히 배출 허용량을 초과하는 과잉공급이 문제가 된 적이 있다. 2008년의 경제위기로 인해 예측한 양보다 배출량이 줄었고, 이는 과잉공급 리스크로 연결되었다.[35]

전 세계적인 인플레이션과 스태그플레이션이 우려되고, 일부 국가들에서는 연쇄 국가부도 수준의 경제위기가 우려되는 바, 시장메커니즘과 함께 운용되는 배출권거래제는 그 존재와 성과만으로 성공적인 제도라고 평가하기에는 무리가 있으며, 앞으로 지켜봐야 할 것이다.

EU리더십의 가장 큰 한계점은 첫째, 회원국 간 상이한 이해관계와, 그에 따른 회원국 별 탄소감축목표의 차별적 달성이다.

EU 리더십의 성과에서 가장 주목할만한 온실가스 감

---

35 문병효(2018), pp. 49-50.

축 성공 사례는 2020 기후 에너지 패키지의 2014년 조기 달성이었다. 그런데 회원국 별로 감축 목표를 차별적으로 달성하였다. 특히 EU 내 중심 산업국가이자, 유럽연합 내의 의사결정을 주도한다고 볼 수 있는 국가인 영국, 프랑스, 독일 중 영국만 2020패키지 감축목표를 달성하였다.[36] 또, 2020 기후 에너지 패키지의 목표인 신재생에너지 이용확대 역시 회원국 별로 성과가 상이했다. 특히 프랑스와 독일은 이용확대 목표를 달성하지 못했고, 스웨덴, 핀란드, 덴마크는 이용확대 목표를 달성하였다.

　EU는 기본적으로 다양한 회원국을 구성으로 하며, 유럽연합의 정책적 목표는 회원국마다 상이하게 달성될 수 있다. 그러나 이러한 회원국 별 차별적 성과가 누적된다면 유럽연합이 공통으로 두고 있는 탄소감축목표는 특정 국가에게는 더 짊어져야 하는 부담으로 느껴질 수 있으며, 목표를 달성하지 못하는 국가들은 무임승차를 하고 있는 게 아니냐는 비판과 마주해야할 수도 있다. 즉, 목표를 달

36　김주희, 안상욱, 이보고, 김은주(2020), pp. 55-56.

성하는 국가들과 달성하지 못하는 국가들이 혼재해 있을 수밖에 없는 구조에서 국가들의 불만이 누적된다면 EU의 의사결정과 정책목표 설정 과정은 더뎌질 것으로 예측할 수 있다.

김성진, 2016은 COP15 이전부터 존재했던 EU내부의 분열을 지적한다. 특히 코펜하겐 서약을 논의하는 과정에서 28개의 EU 회원국은 2020년까지 30%를 감축하자는 입장, 20%를 감축하자는 입장, 중립 3가지의 진영으로 분리되어 있었다. 또한, 배출권거래제도에서 판매를 희망했던 동유럽 국가들의 니즈를 충족시켜주지 못한 점 역시 EU 내부의 분열의 사례로 지적된다. 이러한 입장 차이가 서유럽 회원국과 중, 동유럽 회원국의 경제 수준 차이와 연결되어 더 확장된다면 EU의 효율적인 의사결정에는 장애로 작동할 수밖에 없다.

EU 리더십의 또다른 한계는 여전히 선진국과 개도국의 책임 문제가 미결의 문제로 남아 있다는 점이다.

교토의정서에서는 부속서1과 부속서2로 참여국을 명시적으로 구분하며, 선진국과 개도국 간 공통의, 그러나 차별화된 책임을 직관적으로 지적했다. 부속서 1에는 OECD 25개국과 러시아, 유라시아, 동유럽 11개국이, 부속서 2에는 감축의무뿐 아니라 개도국을 도울 책임까지 지는 OECD의 회원국이 명시되었다. 선진국의 불만이 누적되었고, 또 당시에는 개도국의 지위를 가졌던 중국, 한국, 이란 등의 국가들이 빠르게 경제성장을 하며 탄소배출량이 커지자, 온실가스 감축을 해야 한다는 의무를 유예하겠다는 주장이 설득력을 잃어갔다.[37]

이에 따라 파리체제에서는 감축의무와 개도국을 도울 책임을 갖는 회원국을 명시적으로 지정하지 않았고, 김성진은 따라서 CBDR 원칙이 어떤 방식으로 작동할지 미지수라고 지적하고 있다. 파리체제에서의 CBDR 원칙은 개도국에 대한 선진국의 녹색 ODA 등의 자발적인 재정지원의 형태로 나타날 것이라고 주장하고 있는데, 이 역시 강

---

37 김성진(2016), pp. 386.

제력과 구속력이 없는 부분이다.

전지구적으로 1.5℃에서 지구 평균 기온 상승을 멈추자
는 목표는 선진국과 개도국뿐 아니라 모든 행위자들의 긴
밀한 협력을 요구한다. 그런데 해소되지 않고 있는 선진국
과 개도국 간의 책임 문제는 협력을 방해하는 기제로 여전
히 남아 있다.

한편 EU가 파리체제의 구속력을 보완하는 경제 기제
로 사용하고 있는 탄소국경조정제도는 선지국과 개도국
간의 책임 문제와 개도국의 불만을 해소하지 못하고 있다.
개도국 입장에서 탄소국경조정제도는 파리체제의 성공을
위한 기후위기 대응이기 이전에 무역장벽이고, 경제적 제
재이기 때문이다.

EU 리더십의 마지막 한계점은 파리체제의 성공이 불확
실하다는 점이다. 이 글에서는 교토체제와 파리체제를 이
끌어 온 주역으로 EU의 리더십을 긍정적으로 평가하고
있다. 이 장에서는 그 한계를 검토하고 있지만, EU가 미국

과 중국을 대체하여 기후 분야에서 리더십을 발휘해온 점
은 인정할만 하다. 그러나, 파리체제의 성공이 불확실하다
는 점은 근본적으로 EU의 리더십이 결과적으로 성공적이
었다고 평가하기를 저지시킨다.

　민간 조사 기관인 The Climate Action Tracker에서
2022년 6월에 발표한 자료에 의하면, 파리체제의 성공과
합치되는 탄소감축 계획과 이행을 보이고 있는 국가 또는
기관은 단 1개도 없다. EU조차 'insufficient' 수준에 머무
르고 있으며, 미국 역시 같은 수준으로 'insufficient', 중
국, 그리고 한국은 'highly insufficient' 수준에 머무르고
있다.[38] 이는 치명적인 한계점이다. 물론, 파리체제의 성공
에 대한 암울한 전망을 가지고 EU 리더십이 결과적으로
실패했다고 비판하는 것은 EU의 정치력, 경제적 역량, 노
력만으로는 해결할 수 없는 요인도 있으므로 적절치 않다.
그러나, EU가 주도해 온 파리체제의 성공 가능성이 이렇
게 낮은 현실은, EU의 리더십이 부족했던 것은 아닐까 하

38　Climate action tracker, "Countries." Climate actioin tracker(June, 2022), at https://climateactiontracker.org/countries/(검색일: 2022. 06. 18).

는 의구심을 품게 한다.

III. 결론 : 한국에 주는 시사점

기후위기는 그 어느때보다 전 지구적인 협력을 필요로 하고 있다. 극한기상사건의 빈도가 높아지면 국가의 경계와는 무관하게 언제, 어디에서나 안보 위협이 대두될 수 있으며, 지구 평균 기온의 상승을 막으려는 노력은 모든 국가의 협력 없이는 달성될 수 없기 때문이다.

교토체제, 파리체제로 진화해 오면서 명실상부 G2 국가이자 패권국임과 동시에 온실가스를 전 세계에서 가장 많이 배출하는 미국과 중국의 역량과 리더십은 그동안 저조했다. 이 공백을 메운 것은 유럽연합이다. 미국과 중국과는 달리 성공적으로 탄소감축에서 성과를 냈고, 교토체제와 파리체제의 성공을 위해 정치력을 발휘하였으며,

약한 이행 구속력을 특징으로 하는 파리체제의 보완으로
탄소국경조정제도와 배출권거래제라는 경제적인 제도도
자체적으로 운영하고 있다.

유럽연합이 이렇게 리더십을 추동할 수 있었던 요인으
로는 대내적으로는 시민사회, 기업과 산업계, 환경단체 등
사적 영역에서의 행위자들의 강한 요구와 기후위기 대응
규제 수용이 있으며, 대외적으로는 미국이라는 리더십의
부재와, 파리체제의 약한 구속력이 있다. 유럽연합이 형성
한 기후위기 대응에의 강력하고 일관된 정책적 의지는 이
러한 대내적, 대외적 환경을 통해 국제사회의 리더십으로
발현되었다.

EU가 미국과 중국을 대신하여 발휘해 온 리더십에는
회원국 간 분열 가능성, 미결의 문제로 남은 선진국과 개
도국 간의 책임 문제, 그리고 궁극적으로 파리체제의 성공
가능성이 낮게 평가된다는 점에서 이러한 한계를 가지지
만, 그럼에도 불구하고 EU가 유럽 그린딜을 중심으로 구

축해 가는 기후 위기 대응 국제 질서에서 한국에 주는 시사점들이 분명하다.

한국에 주는 시사점

한국은 중견국으로서 선한 세계 시민의 역할을 자처하고, 세계의 공적 자원에 기여하기 위해서, 또 파리체제의 성공 가능성을 증진시키기 위해서 기후위기에 적극적으로 대응할 필요성이 있다. 이번 장에서는 EU의 리더십의 성과와 한계가 한국에 주는 시사점을 바탕으로 한국의 기후외교에 대해 제언하고자 한다.

먼저 한국은 EU의 리더십과 합치되는 방향으로 기후외교를 전개해야 한다. 가장 먼저 선결되어야 하는 점은 명확한 기후 환경 목표와 2030 탄소감축 목표 상향조정이다. 기후위기라는 실존하는 위협에 대응하기 위한 국제적 공조로서 파리체제의 성공에 기여하기 위해서, 2050년의 탄소중립 목표를 달성하기 위해 먼저 향후 10년간의 탄소 감축 목표를 점검하고, 법적인 구속력을 통해 이를 보완할 필요가 대외경제정책연구원의 2021 보고서에서 지적되고 있다.[39]

해당 보고서에 따르면 EU의 그린딜과 이를 구속력 있게 집행하기 위한 'Fit for 55'를 참고하여 법제화를 추진할 필요가 있다. 우리나라는 2020년 10월 탄소중립을 선언하였으며, 한국판 그린 뉴딜을 천명하였다. 여기에서 명시된 2030년까지의 중간목표는 2017년 대비 24.4% 감축인데, 국제사회는 우리나라가 탄소감축 목표를 상향조정할 것을 강력히 요구하고 있다. 2021년 서울에서 개최된 P4G 서울선언문에 영국, 독일, 프랑스, 캐나다, EU 집행위원장과 상임의장 등이 동참을 거부하였고, 조선일보는 이를 외교참사로 비판하고 있다.[40]

한국이 기후위기에 앞장서서 대응하는 외교적 모습을 보이는 것은, 기후위기라는 실존하는 위협으로부터의 대

---

39   장영욱, 오태현(2021), pp.12-13.

40   선정민, "[단독] "P4G 서울선언문 기대 못미쳐"…英·獨 등 7국 서명 거부", 『조선일보』(2021년 08월 19일), https://www.chosun.com/national/transport-environment/2021/08/19/WK45IV6OHFEODG2ZBXRQTYWYSQ/(검색일: 2022. 06. 11).

응을 이끌어 내 국제사회를 이루는 다양한 행위자의 의
식주를 보장하는, 국가로서의 일차적 책임을 지는 것과
는 별개로, 중견국이라는 이미지를 유지하고 강화하기에
적합한 외교 방식이다. 기후위기 대응에 있어서는 norm-
shaper로 기능하고 있는 EU의 그린딜을 적극적으로 차용
하여야 할 필요가 있다.

한편 EU의 탄소국경조정제도는 2026년부터 개시될 것
으로 예측되는데, 우리나라가 탄소감축에 지금과 같이 소
극적인 모습을 보인다면 무역수지의 측면에서 경제적 손실
을 입을 것으로 예상되므로, 한국은 더더욱 EU의 리더십
과 합치되는 방향으로 기후위기 대응에 임해야 한다. 한국
무역협회의 22년 5월 자료에 따르면 EU와 우리나라의 교역
현황은 수출 10.8%(주요품목: 자동차, 선박 해양 구조물 및 부품),
수입 10.1%(자동차, 농약 및 의약품)[41]으로, 품목이 확대될 것
으로 예측되는 바 이에 대비하고 대응해야 한다.

다음으로 한국은 EU의 리더십과 파리체제가 여전히 미

---

41 한국무역협회, "무역통계", KITA.net(2022. 06.), https://kita.net/main2/
main.do(검색일: 2022. 06. 15).

결로 남겨 놓은 선진국과 개도국 간의 책임의 문제에 있어서 적극적으로 나서야 한다. 취약국, 개도국에 대한 지원은 파리체제에서 구속하지 않고 있으며, 개별국가의 자발적 의지에 맡기고 있다. 대표적인 공여금으로 여겨지는 국가 주도의 녹색 ODA 뿐 아니라, 특히 민간 기업의 투자 유치 등 사적 영역에서의 공조를 이끌어야 한다. 또, 취약국이 기후위기로 인한 극한기상에 대응할만한 기반 시설과 자립능력을 갖출 수 있도록 경제적인 원조뿐 아니라 거버넌스에의 개발협력 또한 주도할 필요성이 있다.

최근 출범한 현 행정부에서는 2022~2026년, 5년의 임기 동안 2030년의 탄소중립 중간목표 달성을 위해 어떤 성과를 낼 수 있을지, 중견국으로서 개도국과 선진국 간의 예민한 책임 소재와 분담 문제를 해결하는 경제적 보완책을 제시하고 이행할 수 있을지 지켜보아야겠다.

개인은 무엇을 할 수 있는가

환경 문제에서 개인은 무엇을 할 수 있는가? 라는 질문에 대해, 개인들은 실천의 차원에서 우리는 플라스틱 사용을 줄이고 텀블러를 활용하고, 냉난방을 줄이고, 대중교통을 이용하라고 배웠고 학습하였다. 학교와 미디어는 개인들이 일상에서 실천할 수 있는 행동들을 교육하였다. 물론 개인의 양심적, 자발적 실천 역시 탄소 감축에 유의미한 성과를 내고, 바람직하다. 하지만 이 글은 기후위기에 대응하는 국제질서의 리더십이 어떻게 구성되었는지 살펴보고 있는 바, 개인의 실천 이외의 차원에서 개인의 역할에 대한 생각을 이 글에 포함하고자 한다.

자유시장경제, 민주주의를 지향하는 대한민국의 개인은 유권자이자 소비자로서의 지위를 이용해 기후위기 대응 가속화를 이끌어낼 수 있는 중요한 행위자이다. 즉, 정부와 기업이 기후위기에 대응하는 정책과 비즈니스를 펼

칠 수 있도록 정치 지형과 시장을 구성하는 미시적인 행위
자이다. 정부를 구성하는 정치인들은 유권자들이 반응할
때, 기업은 시장이 반응할 때 움직이고 행위한다. 유럽연
합이 국제무대에서 기후위기 대응에 리더십을 발휘할 수
있었던 대내적인 추동요인 중 가장 큰 요인은 바로 환경에
대한 개개인의 적극적인 관심이었다. 이 점에 착안하여 대
한민국의 국민들은 어떻게 행위할 때 기후위기 대응을 가
속화하는 역할을 수행할 수 있을지 살펴보고자 한다.

　2022년 8월, 수도권 곳곳에서 폭우로 인한 피해가 발생
했다. 폭우로 대변되는 극한기상사건의 빈도와 강도가 늘
어날 것에 대비하여 서울시는 침수 피해를 최소화할 수 있
는 방안을 강구해야할 것이다. 시민들은 서울시가 폭우에
대비할 정책을 계획하고 집행할 수 있도록 이번 폭우 피해
에 분노하고, 안타까워하고, 공감하여야 한다. 개인들의 분
노와 공감은 이미 각종 미디어와 SNS에서 드러나고 있다.
물론 이러한 개인들의 감정이 정치에 직접적으로 반영될

수 있는 메커니즘이 존재해야 개인의 분노가 유효한 정책으로 치환될 수 있다. 이러한 메커니즘의 탄생과 운용은 시민사회와 지방정부의 긴밀한 협력과 합의를 필요로 하기에, 단기적으로 이뤄지기는 어려워 보인다. 그러나, 개인의 분노와 의견 표출은 인터넷 어딘가에, 그리고 사회 어딘가에 쌓이고 있으며, 이를 잘 활용하게끔 개인들은 의견 표출을 지속하는 것이 바람직하겠다. 몇 년에 한 번 찾아오는 선거에서 유권자로서의 의견 표출 역시 유효하지만, 일상에서도 지방정부에 개인의 의견을 피력하고 요구할 수 있는 장이 마련되어야 하겠다. 그럴 때 유권자로서 개인이 갖는 영향력이 커질 것이다.

한편, 유권자로서 개인은, 기후위기에 대응하는 정부의 정책에 대해 비판적으로 사고하도록 노력하여야 한다. 미국 국내정치의 양극화 심화는 기후위기 의제와 맞물리며 행정부의 지속적이고 일관적인 기후위기 정책을 펴는 것을 막았다. 대한민국 국내정치의 양극화 역시 우려되는 2022년이다. 대선 때마다 '정권교체론' 혹은 '정권심판론' 이 화두가 되어왔으며, 연령대 별, 성별 정치적 양극화는 우려할만하다. 자신이 지지하는 정당의 정책을 신뢰하고 긍정적으로 평가하는 경향성은 당연히 존재하겠지만, 맹신은 피해야겠다. 기후위기와 그에 대한 대응은 정치의 영역이기도 하지만, 엄연히 과학의 영역이다. IPCC가 매년 발간하고 있는 보고서의 과학적 사실에 입각해서 대응책을 펼 수 있는 환경이 마련되려면 개인들은 기후위기에 대응하는 정부의 정책을 적절히 비판할 수 있어야 한다.

마지막으로는 소비자로서의 개인의 역할을 살펴보겠다. 2021년, 스타벅스커피 코리아의 그린워싱은 대중들의 뭇매를 맞았다. 환경 보호를 명분 삼아 리유저블컵을 대량으로 생산, 배포한 이벤트가 문제가 되었다. 환경을 보호하겠답시고, 막상 오랜 기간동안 사용하지도 못하는 컵을 양산하며 여론의 비판을 받았다. 물론 이것이 장기적인 불매 등으로 이어지지는 않았으나, 스타벅스라는 브랜드에 대한 신뢰 하락으로 이어졌음은 분명하다. 소비자로서 개인이 갖는 영향력을 확인할 수 있는 좋은 사례였다. 소비자를 잃지 않기 위해 기업은 이벤트를 수정하고, 비즈니스 방향을 검토한다. 대기업의 반환경적인 비즈니스를 비판하고, 친환경적인 기업의 주식을 사거나, 제품을 소비하는 등의 노력은 모두 소비자로서 개인이 할 수 있는 긍정적인 노력이다.

수많은 개인들이 기후위기에 대한 해결을 과학이 모두 해결해줄 수 있을 거라는 과학만능주의, 과학지상주의를 지양한다면, 기후위기에 대응하는 중앙정부, 지방정부를 적절히 비판한다면, 마지막으로 친환경적인 기업은 긍정적으로, 반환경적인 기업은 부정적으로 평가한다면 기후위기에 대응하는 전지구적 협력의 기본적인 토양이 단단하게 마련될 것이다.

참고문헌

김성원. "기후변화와 안보의 상관관계에 관한 일고찰 - 기후변화에 대한 UN 안전보장이사회 역할에 주목하며." 『원광법학』 제32집 제2호 (2016). pp. 9-38.

김성진. "파리기후체제는 효과적으로 작동할 것인가?" 『국제정치논총』 제56집 제2호(2016). pp. 359-401.

김주희, 안상욱, 이보고, 김은주. "EU 기후변화 대응과 에너지자원선택 - 미국, 중국과의 비교를 중심으로." 『유럽연구』 제38집 제3호(2020). pp. 51-78.

문병효. "유럽연합(EU)의 기후변화에 대한 정책과 법제도." 『유럽헌법연구』 제26호(2018). pp. 29-52.

정하윤. "유럽연합의 기후변화 리더십에 대한 연구." 『국제정치논총』 제53권 제3호(2013). pp. 327-362.

오종혁, 이효진. "KIEP 세계경제 포커스: 중국의 탄소중립 정책 주요 내용 및 전망." 대외경제정책연구원(2022년 01월 20일). https://www.kiep.go.kr/gallery.es?mid=a10102030000&bid=0004&list_no=9920&act=view(검색일: 2022. 06. 20).

장영욱, 오태현. "KIEP 세계경제포커스: EU 탄소감축 입법안('Fit for 55')의 주요 내용과 시사점." KIEP 대외경제정책연구원(2021년 07월 22일). https://www.kiep.go.kr/gallery.es?mid=a10102030000&bid=0004&act=view&list_no=9666(검색일: 2022. 06. 14).

한국무역협회. "무역통계." KITA.net(2022년 06월). https://kita.net/main2/main.do(검색일: 2022. 06. 15).

해외분석팀. "세계 에너지시장 인사이트: 2050 탄소중립 달성을 위한 미국의 장기 전략." KESIS 국가에너지통계종합정보시스템(2021년 11월 29일). http://www.keei.re.kr/insight?open&p=%2Fweb_energy_new%2Finsight.nsf%2Fview_detail%2F17FF2D3DD4436FC5492587990020348A&s=

%3Fopendocument%26menu%3Dinsight%26doctype%3D2%26openty
pe%3Dembeded(검색일: 2022. 06. 15).

Allan, R. P., Hawkins, E., Bellouin, N., & Collins, B.(2021). "IPCC,
2021: summary for Policymakers." IPCC(August 7, 2021) at https://
www.keep.go.kr/portal/144?action=read&action-value=bfb341f
b2f09c228d1adb3096b791c7e&page=1&tags=%EC%A0%95%EC
%B1%85(검색일: 2022. 06. 18).

Brian Kennedy, Alec Tyson and Cary Funk, "Americans Divided
Over Direction of Biden's Climate Change Policies: Several
climate policies receive bipartisan support, despite Republicans
and Democrats differing on overall approach", Pew Research
Center(July 14, 2022), pp.3-7, at https://www.pewresearch.org/
science/2022/07/14/americans-divided-over-direction-of-
bidens-climate-change-policies/

Climate action tracker. "Countries." Climate action tracker(June, 2022)
at https://climateactiontracker.org/countries/(검색일: 2022. 06. 18).

Enerdata. "2021년 연감." 세계 에너지 및 기후 통계(2022년 06월 28일).
https://yearbook.enerdata.co.kr/co2/emissions-co2-data-from-
fuel-combustion.html(검색일: 2022. 06. 15).

Jacob Poushter and Christine Huang. "Climate Change Still Seen as
the top Global Threat, but Cyberattacks a Rising Concern". Pew
Research Center(February 10, 2019), at https://www.pewresearch.
org/global/2019/02/10/climate-change-still-seen-as-the-top-
global-threat-but-cyberattacks-a-rising-concern/(검색일: 2022.
06. 20).

James Bell, Jacob Poushter, Moira Fagan and Christine Huang. "In
Response to Climate Change, Citizens in Advanced Economies
Are Willing To Alter How They Live and Work". Pew Research

Center(September 14, 2021) at https://www.pewresearch.org/global/2021/09/14/in-response-to-climate-change-citizens-in-advanced-economies-are-willing-to-alter-how-they-live-and-work/(검색일: 2022. 05. 17).

BBC NEWS 코리아. "유럽의회 선거: 기성정당 몰락, 극우 정당과 녹색당 등극."『BBC NEWS 코리아』(2019년 5월 27일). https://www.bbc.com/korean/international-48419355(검색일: 2022. 06. 14).

김기봉. "[날씨학개론] 전쟁만큼 무서운 기후변화 … '기후난민' 확산."『YTN 사이언스』(2021년 11월 09일). https://m.science.ytn.co.kr/view.php?s_mcd=0082&key=202111091604455332(검색일: 2022. 06. 15).

문가영. "유럽 기후변화 시위 이끄는 10대들."『매경Economy』(2019년 04월 30일). https://www.mk.co.kr/economy/view.php?sc=50000001&year=2019&no=275420(검색일: 2022. 06. 15).

선정민. "[단독] "P4G 서울선언문 기대 못미쳐" … 英·獨 등 7국 서명 거부".『조선일보』(2021년 8월 19일). https://www.chosun.com/national/transport-environment/2021/08/19/WK45IV6OHFEODG2ZBXRQTYWYSQ/(검색일: 2022. 06. 11).

조기원. "'세계 두 번째 밀 생산국' 인도 수출 금지에 국제 밀 가격 급등".『한겨레』(2022년 5월 16일). https://www.hani.co.kr/arti/international/globaleconomy/1043106.html(검색일: 2022. 06. 15).

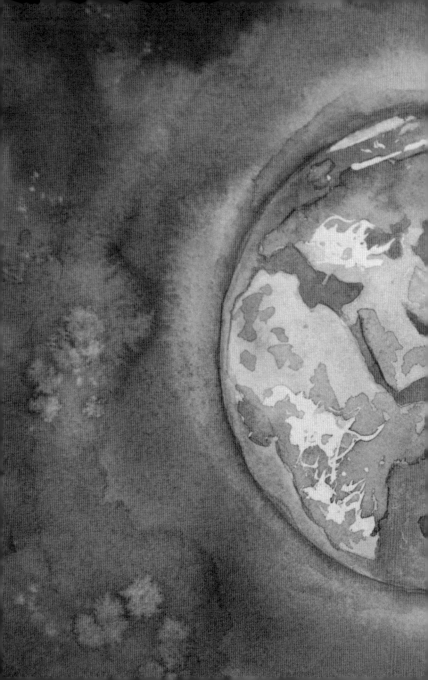

3

서구 강대국 중심의
기후위기 담론의 맹점

—

한양대학교 정치외교학과 ｜ **한재승**

서구 강대국중심의
기후위기 담론의 맹점

—

한양대학교 정치외교학과　**한재승**

요약문

　　최근 환경 문제는 그 심각성이 대두되며 국제 사회에서 우선시되는 의제 중 하나로 부상했다. 따라서, 파리 기후 협약을 비롯한 다양한 환경 보호 관련 정책들과 협약들은 국제 사회 전반에 걸쳐 시행되는 중이며, 모든 국가에 당연히 요구되어야 할 것으로 받아들여진다. 하지만, 이러한 환경 보호 담론은 강대국의 시각에서 필수적인 것이며 강대국이 개발도상국에 강제하고 있는 모습을 보이는 중이

다. 이 글은 아프리카 국가들과 동남아시아 국가들을 중
심으로 환경 보호의 당위성에 대한 의문을 갖고 현재까
지의 환경 보호 담론의 진행을 다룬다. 그 결과로 WIMthe
Warsaw International Mechanism for Loss and Damage associated with
Climate Change Impacts, 차별적 책임과 같은 방안들을 제시
하고 개발도상국들의 탈식민주의적 관점을 적용한 담론
의 방향성에 대안적 방향성을 제시한다.

핵심어　기후위기, 개발도상국, 아프리카, 동남아시아, 탈식민주의

I. 서론

　2000년대 오존층 파괴를 기점으로 전 세계적으로 환경
보호에 대한 관심도가 높아졌고 환경은 다양한 국제 회의
나 외교정책에서 주요한 의제로 다루어져 왔다. 그와 더불

어 환경 파괴에 대한 보고는 갱신되고 양산되며 그 심각
성을 더욱 강조하고 있고 교토의정서 등의 협약은 전 세계
국가들에 대해 환경 보호의 필요성을 강조함은 물론 그
목표치와 방향성을 제시한다. 하지만, 이 글은 현재까지의
환경 보호 담론이 지나치게 강대국 중심으로 이루어진,
식민주의적 성격을 내재하고 있다는 점을 중점적으로 다
룰 것이다. 환경에 대한 논의에서 개발도상국들은 주변부
적인 위치를 가져왔고 담론의 형성보다는 담론을 따라가
는 형태를 보여왔다. 그들은 환경 규제의 주요 국가였는데
이 지점에서 우리는 과연 개발도상국의 입장에서 환경 보
호는 얼마나 반길 만한 정책인지에 대한 논의가 필수적이
다. 물론, 파리기후협약을 전후로 국제 회의에서 개도국들
은 적극적인 발언을 이어 나가고 있고 환경 담론의 요소
로 작용하고 있지만, 연구적인 측면에서 개도국의 지위는
충분히 고려되지 못하고 있는 상황이며, 개도국에 대한 논
의 또한 그저 선진국은 개도국에게 경제적 지원을 해주어

야 한다는 수준에 머무르고 있다. 따라서, 이 글은 개발도
상국의 입장으로 탈식민주의적 관점을 적용해 환경 보호
가 현재까지 간과한 지점들과 환경 보호의 방향성에 대하
여 다룰 것이다.

II. 환경 보호의 중요성 및 역사

　개발도상국과 환경의 관계를 탈식민주의적 관점에서
바라보기 위해서는 그 역사에 대한 고찰이 우선시된다. 개
발도상국들은 주로 제국주의 시대 식민지로서 기능했다.
인도, 라틴 아메리카 국가들 그리고 아프리카 국가들을
포함한 피식민국들은 풍부한 자원이 식민국에 반출되거
나 무분별한 환경 채취가 벌어지며 환경 파괴가 일어난 장
소가 되었다. 이러한 환경 사용은 현재 선진국으로 평가되
는 식민국들의 발전에 이용되었는데 이는 해당 환경 파괴

의 책임은 식민지 국가들에 있다기보다는 식민국들에 있
다고 평가하는 것이 적절할 것이다.

　탈식민주의 관점에서 식민주의 시기에 일어난 환경 착
취와 파괴의 심각성에 더해 해당 파괴로 이뤄낸 발전이 종
속 관계 재생산의 기틀이 되어가고 있다는 점은 환경 보
호 담론에서 구식민국, 현선진국에게 더 큰 책임을 부과할
수밖에 없게 한다. 더하여, 제2차 세계 대전 종료 이후 신
흥독립국들은 경제적 발전이 효율적으로 이루어지지 못
해 현재까지도 개발도상국의 위치에 남아 있는 국가들의
비율이 높다. 그러한 신흥독립국들의 경제는 1, 2차 산업
에 집중되어 있으며 신식민주의로도 평가되는 기존 위계
성의 잔존이나 경제적 식민주의는 환경 부문에 있어서는
기존 식민국들은 환경의 사용자로 그리고 신흥독립국들
은 그 제공자로 존재하는 굴레를 벗어나지 못하는 양상을
나타낸다.

　이러한 위계성이 잔재하는 현 상황에서 지속적인 석탄

발전과 무분별한 성장 위주 경제 발전과 그로 인한 천연 자연 남용은 현재 기후 담론이 나타날 때 논의되는 수많은 기후 문제들을 야기했다. 일반적으로 잘 알려진, 1880년부터 2012년간 지구 연평균 기온 0.85℃ 상승, 지구 평균 해수면 19cm 상승 그리고 2018년 기준 약 2200만 km^2 크기의 오존층 파괴는 대표적인 기후 변화의 문제들이다.[1] 따라서, 환경 문제는 범지구적인 문제이며, 인류의 생존과 직결되는 문제이기에 국제 사회는 다양한 연구와 회의 그리고 협약을 통해 환경 파괴의 속도를 지체시키고 환경 보존을 하기 위해 노력 중이다.

그 중 현재 가장 대표적이며 직접적으로 영향력을 미치는 협약이 2016년에 체결된 파리기후변화협정 Paris Climate Agreement 이다. 파리 협약은 지구온난화를 방지하기 위해 온실가스를 줄이려는 노력의 일환으로 지구 평균 온도 상승을 2도 이하로 억제하며 1.5도를 넘지 않도록 노력하는 목표를 갖는다.

1　심재율, "남극 오존층 구멍 올해는 '양호'", 『사이언스타임즈』(2018년 11월 7일), https://www.sciencetimes.co.kr/news/%EB%82%A8%EA%B7%B9-%EC%98%A4%EC%A1%B4%EC%B8%B5-%EA%B5%AC%EB%A9%8D-%EC%98%AC%ED%95%B4%EB%8A%94-%EC%96%91%ED%98%B8/#:~:text=NASA%EB%8A%94%20%E2%80%9C%EC%98%A4%EC%A1%B4%EC%B8%B5%20%ED%8C%8C%

파리기후변화협정은 모든 국가가 2020년부터 5년단위로 스스로 온실가스 감축목표를 정하고 이를 이행하도록 한다. 해당 협정은 각국의 능력을 고려한 유연성을 인정하고 기후행동 및 지원에 대한 투명성을 증가시킨다. 현재 해당 협정은 7개 국가를 제외한 대부분의 국가들이 가입해 있기에 전 세계적으로 가장 대표적이고 큰 영향력을 가진다고 할 수 있다. 한국은 2030년까지 2018년 대비 온실가스 24.4% 감축 목표를 제시했고 영국 또한 2030년까지 탄소 배출량 68% 감축 목표를 제시했다.[2] 이러한 점을 미루어 보아, 선진국들은 단기적 그리고 장기적 모두 온실가스 배출량 감축에 적극적인 것으로 보인다. 하지만, 파리협정은 각국이 목표를 모두 달성하더라도 지구 평균 온도 상승을 1.5도 아래로 유지할 수 있는데, 현재는 '기후악당'으로 표현되기도 하는 우리나라를 비롯해 많은 국가에서 목표치를 달성하기에는 현실적으로 어려우며 강제성이 없어 전체의 목표 또한 달성에 장애물이 존재할 것으로 생각

EA%B4%B4%EB%A1%9C,%EC%97%90%20%ED%81%AC%EA%B2%8C%20%EC%98%81%ED%96%A5%EC%9D%84%20%EB%B0%9B%EC%95%98%EB%8B%A4(검색일: 2022. 11. 20).

2 말 채드윅(Mal Chadwick), "10분만에 읽는 '파리기후변화협정' A to Z" (2021년 04월 15일), https://www.greenpeace.org/korea/update/17235/ blog-ce-paris-climate-agreement-a-to-z/#:~:text=2016%EB%85%

된다. 또한, 각국이 목표치를 달성하더라도 현재 설정된 목표로는 기온 상승을 억제하는 것이지, 지구 온난화 자체를 막는 효과는 기대하기 어렵기 때문에 이후의 수정과 노력이 강조된다. 하지만, 대부분의 국가가 가입되어 각자의 목표를 제시하고 규범적인 목표를 제공한다는 자체로 파리 협정은 매우 큰 의미를 지닌다.

그렇다면, 파리기후협약은 모든 국가가 마땅히 그 기준을 따르며 전 인류 공통의 관심사인 환경 보호에 동참할 것과 같은 협약으로 보인다. 하지만, 파리기후협약을 포함한 지금까지의 환경 보호 협정과 담론은 왜 지금까지 실질적인 효력을 갖거나 모든 국가들에게 절대적인 기준으로 받아들여지지 못한 이유는 그렇다면 무엇일까? 탈식민주의 관점에서 그 이유는 개발도상국에 대한 충분한 고려가 이루어지지 못했다는 점에서 찾을 수 있다.

지금까지의 환경 담론이 고려하지 못한 점들 중 첫번째는 개발도상국의 기후 변화 문제 취약성이다. 현재는 세

84%EC%97%90%20%EC%B2%B4%EA%B2%B0%EB%90%9C, %EC%B5%9C%EC%B4%88%EC%9D%98%20%EA%B8%B0%ED%9B%84%20%ED%95%A9%EC%9D%98%EC%9E%85%EB%8B%88%EB%8B%A4.(검색일 : 2022. 11. 17).

계 인구의 5.3%가 만조선보다 낮은 지역에 거주하지만, 지
구 평균 기온이 1.5도 상승하면 7.6%, 2도 상승 10%, 3도
12%, 4도면 14%로 늘어난다.[3] 지정학적 요소로 인해, 이
러한 피해는 동남아시아 국가들에게 매우 치명적으로 다
가온다. 일례로, 지구온난화로 인한 홍수, 태풍, 사이클론
의 심화는 2019년 동남아시아와 동아시아 지역 960만 명
의 이재민을 발생시켰고 이는 전 세계 이재민의 30%에 해
당한다.[4] 동남아시아 국가들과 남태평양 부근 국가들은
해변을 접하고 있는 지역이 많고 섬으로 이루어진 국가들
이 많다는 점에서, 기후 변화가 가져오는 해수면 상승은
해당 지역 개발도상국의 삶의 터전을 빼앗는다는 점에서
치명적이다. 또한, 기후 변화로 인해 빈도와 강도 모두 높
아진 자연재해에 대한 피해는 선진국들보다도 예방 체계
와 복구 체계가 부족한 개발도상국에 취약하다. 가장 대
표적인 예로 2017년 인도네시아 아궁화산 분화와 태풍 피
해가 있다.

3 이근영, "'침수 위험' 한국 14위, 서울 19위: 지구온도 더 올라가면?", 『한겨
레』(2021년 10월 13일), https://www.hani.co.kr/arti/society/environment/
1015003.html(검색일: 2022. 11. 17).

4 정태성, "[프리미엄 리포트] 가난한 사람에게 더 가혹한 기후위기", 『동
아사이언스』(2022년 4월 30일), https://m.dongascience.com/news.ph
p?idx=53887#:~:text=%EA%B8%B0%ED%9B%84%EB%B3%80%E

　인도네시아는 인구가 많은 개발도상국들 중 대표적인 국가이다. 또한, 지리적 위치 상 지진이 자주 발생하고 많은 섬들로 이루어진 국가이기에 쓰나미, 태풍, 장마 등에 취약하다. 따라서, 2017년의 태풍은 인도네시아 특히 발리 지역에 심각한 피해를 입혔다. 2017년 말 아궁 화산이 폭발했고 사이클론 '달리아'가 동시에 발생하며 주택 1700여 채가 파손되고 20명이 사망하며 2천여 명의 이재민이 발생했다.[5]

　매년 우기에 발생하는 수해와 산사태 중 2017년의 피해가 더욱 심각했던 이유 중 하나는 개발도상국의 위치 그리고 경제적 발전을 아직 이뤄내지 못한 국가로서 인도네시아는 재난 대응 시스템이 부족하고 위험 담보 시설이 열악한 것이다. 환경 보호보다는 아직 경제적 성장이 우선되는 관심사이기 때문이다. 인도네시아는 값싼 노동력을 기반으로 한 공장 위주 생산업 그리고 열대 기후를 활용한 1차 산업을 주된 수입원으로 하는 국가인데, 이러한 경

D%99%94%EB%A1%9C%20%EC%9D%B8%ED%95%B4%20%ED%8F%AD%EC%97%BC,%EB%85%B8%EC%B6%9C%EB%90%98%EB%8A%94%20%EA%B2%B0%EA%B3%BC%EB%A5%BC%20%EB%82%B3%EC%95%98%EB%8B%A4(검색일: 2022. 11. 15).

5　데일리인도네시아 데스크기자, "아궁화산 분화 이은 태풍에 25명 사망·실종," 『데일리인도네시아』(2017년 12월 4일), http://dailyindonesia.co.kr/news/

제적 사정은 환경 보호보다는 pro-development 개념에 의존한 환경 사용과 경제 발전을 우선시하도록 한다. 따라서, 하수 시설이나 자연재해 발생시 대응할 체계를 구축하는 것은 그들의 중요 관심사가 아니라고 평가할 수 있다. 지정학적 이유로 잦은 자연재해를 겪거나 지구 온난화 문제에 더 자주 노출될 수밖에 없는 동남아시아 국가들은 현재까지 개발도상국의 지위에 머무르며 취약한 복구 시스템에 의해 더욱 실질적이고 직접적인 피해를 입는다는 것이 개발도상국으로서는 필수적으로 환경 담론에 참여해 피해를 줄일 이유라고 생각한다.

　또한, 개발도상국에 환경 보호가 높은 중요성을 지니는 이유는 선진국의 입장에서도 충분히 제기될 수 있다. 그 이유는 중국, 인도, 브라질, 인도네시아 등 개발도상국이지만 현재 인구에서 최상위권을 차지하는 국가들의 인구수가 증가하고 있기 때문이다. 이러한 개발도상국에서의 인구 수 증가는 필연적으로 더 많은 온실가스 사용으로

view.php?no=16176(검색일: 2022. 11. 20).

이어진다. 또한, 개발도상국이 경제 성장을 위해 온실가스 배출량을 늘리고 있다는 사실도 '환경 보호'를 주장하는 선진국의 입장에서 고려하지 않을 수 없다. 따라서, 환경을 보전하고 미래의 환경 문제 악화를 방지하기 위해서 선진국의 입장에서 개발도상국의 참여는 필수적이다. 거칠게 서술하자면, 환경을 보존하는 것이 아닌, 지금 정도의 환경 파괴 속도를 유지하는 것조차 개발도상국의 참여 없이는 이뤄질 수 없다. 2022년 전 세계 인구수가 80억 명이 넘은 상황에서 그 중 인구 수 상위 국가 중 개발도상국 비율이 매우 높다는 점을 고려할 때, 개발도상국의 무조건적인 경제 성장 추구는 환경 보호 협약 및 담론을 무용지물로 만들 수 있다. 따라서, 환경 보호 담론은 환경 문제의 심각성이 상승되면서 그 피해를 겪는 모든 국가들과 불확실성으로 인해 서로 협력하지 못하는 국가들 모두에게 필요성이 증대되는 중이다.

Ⅲ. 비발전국가, 개발도상국들의 환경에 대한 인식 &

　　환경 보호의 강제성

앞서 다루어 봤듯이 이 글의 중심적인 요지는 개발도상
국의 입장이 환경 담론에서 충분히 반영되지 못한다는 것
이다. 이는 개발도상국의 환경 담론에 대한 태도에서 드러
난다.

중국과 브라질은 파리기후협정에 동의하고 목표를 제
시했지만, 중국은 온실가스 감축 노력이 부족하다는 그리
고 브라질은 회계상 속임과 오류 문제로 파리 협정에 대해
진실성이 부족한 모습을 보여주었다. 개발도상국 중 경제
규모가 크고 인구 수도가장 많은 축에 속하는 위 두 국가
들을 분석해본다면, 개발도상국에게 환경 보호는 후순위
적인 목표로 제시된다고 할 수 있다. 그러한 인식에는 여러
차원의 이유가 존재한다.

첫째로, 경제적인 이유는 환경 보호에 대한 소극적 태도

를 설명하는 데 필수적인 기준이다. 앞서 언급했듯이, 개발도상국들은 선진국의 발전 과정인 자연 사용을 통해 경제적 발전을 이뤄내려는 방향성을 띤다. 해당 국가들도 파리 협정에 동의한 점과 환경 보호적 정책들을 논의한다는 점에서 환경 보호에 대해 무지하거나 환경 보호를 무시한다기보다는 그 무게가 당장의 빈곤 및 기초적 인프라 구성보다 가볍다는 점에 있다. 다른 말로 표현하자면, 개발도상국의 관점에서 환경 문제는 pro-environment 대 con-environment 문제가 아닌 pro-environment 대 pro-development의 문제인 것이다. 이에 대해 서구중심적 시각으로 환경 문제의 급박성만 강조하며 환경 보호를 강제하는 것은, 개발도상국의 상황을 전혀 고려하지 않은 것으로 평가할 수 있다. 또한, 경제적 발전을 필요로 하는 개발도상국의 입장에서 자신들의 자원을 활용해 발전을 이루어 낸 선진국들이 환경 보호 담론 아래 개발도상국의 환경 사용을 규제하는 행위는 개발도상국들에게 모순으로 다가오고 현재까지의 위계적 관계를 강화하는 것으로 비춰진다. 이는 신식민주의로 인식될 수 있으며, 그러한 인식 내에서는 환경 사용에 대해 죄책감을 덜 느끼거나 선진국의 환경 보호 요청을 무시할 수도 있다. 따라서, 해당 부분에서 개발도상국은 환경 보호의 필요성보다는 경제적 발전의 필요성이 우선시되며 환경 보호보다는 사용이 더 선호되고 선진국들을 중심으로 한 환경 보호 담론은 반기지 않을 수 있다고 판단된다.

개발도상국이 환경 보호 정책 및 협약에 적극적으로 참여하지 않을 수 있는 가능성에 대한 또다른 근거는 불확실성이다. 전에 서술했듯이, 개발도상국에게 환경 보호는 경제 성장 속도의 상대적 저하를 기회비용으로 갖는다. 따라서, 해당 기회비용을 보상할 정도의 재정 지원은 당연하게도 필요하다. 이러한 점을 고려하여 파리 협정에서도 1992년 기후변화협약에서 언급된 개발도상국에 대한 재정 지원에 대한 내용이 포함되었다. 하지만, 파리기후협정은 강제성을 지니지는 못하고 선진국의 개발도상국에 대한 재정 지원을 보장하는 규정도 존재하지 않는다.[6] 이에 더해, 기후변화협약 제4조 3항과 연결해서 개발도상국의 입장에서 선진국을 분석한다면, '새롭고 추가적인' 재정 부담을 약속하지 않고 강제하지 않는 협약은 개발도상국에게 설득력이 떨어진다. 해당 부분에서는 과연 어떠한 선진국이 자발적으로 그 지원을 성실히 이행할 것이며, 그렇지 않는다면, 개발도상국이 환경 협약을 적극적으로 따를 근거는 사라질 수밖에 없다는 현재까지 담론의 한계가 드러난다.

물론 탈식민주의 관점에서, 경제 성장을 추구하거나 경제적 지원을 요구하는 개발도상국들의 모습은 환경 사용을 통해 경제적 발전을 이루어 내려는 모습에서 서구중심주의적 사고에 기반해 서구의 모습을 답습하는 것으로 판단할 수 있다. 하지만, 신자유주의 자본주의 국제 체제 아래에서는 아직까지도 그러한 경제 성장이 정석적인 모델

6　장신, "개도국 입장에서 본 파리기후변화협정의 협상 과정과 성과", 『법학논총』 40권1호(2020) pp. 219-246.

로 여겨지는데, 그 과정을 거치는 중 환경 사용에 있어 선진국에 의한 제약이 주어진다면, 개발도상국의 입장에서는 발전의 경로가 제한되는 것으로 생각할 수 있다. 따라서, 환경 보호에 따른 경제적 지원은 현재 필수적인 선택지로 판단된다.

환경 보호를 위해 선진국이 개발도상국에게 일방적인 경제적 지원만이 유일한 방향성은 아니며 개발도상국이 환경 문제에 무관심하거나 적극적인 태도를 보이지 않은 것은 아니다.

가장 대표적으로, 볼리비아는 기후변화재판소 Climate Justice Tribunal 를 포함하는 안을 제기했었다.[7] 이는 파리기후협정의 강제력을 상승시키기도 하고 개발도상국에 대한 보상을 명시하는 것이다. 하지만, 이는 선진국들의 입장에 따라 결국 삭제되며 개발도상국들은 자신들의 입장은 환경 담론에서 충분히 반영되지 못할 것이라는 것을 확인시키는 예시만 되었다.

---

7   장신(2020), pp. 219-246.

　종합하자면, 경제적 기회 비용은 신자유주의 자본주의 경제 질서 하에 필연적으로 발생하며 선진국의 일방향적 지원은 어쩔 수 없이 필요하다. 하지만, 이에 국한되지 않는, 담론의 장 형성과 개발도상국의 의견 확대가 필요한데, 기후변화재판소 등 선진국에게도 환경 협정을 따르게 하는 강제성이 부여되어야 한다. 그렇지 않다면, 경제적 지원이 부족하고 불확실하며 자신들의 의견이 반영되지 못하는 환경 협정은 개발도상국의 입장에서 전혀 수용할 이유가 존재하지 않을 수 있고 현재까지도 그러한 흐름이 이어지는 중이다.

Ⅳ. 향후 방향성

　개발도상국들이 환경 보호에 적극적이지 않고 메리트를 찾지 못하는 것은 환경 보호의 중요성을 경시하는 것

도, 개발도상국 내에서 환경 보호의 목소리는 무시된다는
것도 의미하지 않는다. 다만, 앞서 다뤄본 환경 보호의 강
제성과 식민국이었던 선진국들이 환경 보호를 주장하는
점에 대한 개발도상국의 감정 또한 환경 담론에서 중요한
요소로 고려되어야 한다는 것이 이 글의 주요 주장이다.

국제 회의나 협약에서 환경을 다룰 때 개발 도상국들은
정책의 실행자가 아닌 구성자로서 역할이 증대되어야 하
며, 선진국들은 현재까지 신식민주의적 사고가 남아 있고
개발도상국들에게 환경 보호를 강제할 권리가 없다는 점
에 대해 인지해야 한다.

개발도상국들 또한 물론 환경 보호에 대한 노력을 해야
한다. 환경 문제는 단순히 한 국가의 자원 사용이나 활용
에 대한 문제가 아닌 다층적으로 연결된 범지구적 문제이
기 때문이다. 따라서, 자신들의 상황이나 입장에 대한 목
소리를 국제 사회에 반영하되, 자신들도 일정한 책임을 져
야할 것이다. 이러한 방향성은 기존에 제시된 생각들을 강

화하거나 보완하는 등 활성화시키는 방향성을 가진다. 따라서, 'WIMthe Warsaw International Mechanism for Loss and Damage associated with Climate Change Impacts'과 '차별적 책임'을 이글에서는 주된 지향점으로 논의한다.

2013년 체결된 WIMthe Warsaw International Mechanism for Loss and Damage associated with Climate Change Impacts는 개발도상국 입장에서 환영할 만하고 활성화시켜야 할 제도이다. WIM은 바르샤바에서 열린 제19차 기후변화협약의 결과물로 제시된 협약이다. 제19차 기후변화협약의 중요 의제는 기후 변화에 의한 개도국의 '손실과 피해Loss and Damage' 그리고 어떻게 개도국을 환경 보호 담론에 참여시킬 수 있는지였다.[8]

바르샤바 기후변화협약에서 중심적으로 사용된 손실과 피해의 개념은 국제법상 위법한 피해는 손실인 Damage로, 적법한 피해는 피해인 Loss를 의미하는 것을 해석된다.[9] 이 개념은 개발도상국의 의견을 중점적으로 반

8 이호무, "2013년 바르샤바 기후변화 당사국총회 결과 및 시사점", 『에너지포커스』(2013년 겨울호), p. 4-20.

9 소병천, "국제법상 기후변화피해책임- 기후변화협상 '손실 및 피해'(Loss& Damage) 논의를 중심으로", 『국제법평론』 no.45(2016), pp. 1-22.

영해, 자국의 온실가스배출로 인한 순수한 피해의 산정이 어려우며 선진국의 온실가스 배출이 개발도상국에게 직접적인 피해를 입혔다는 점과 온실가스 배출의 적법성도 합의되기 어렵다는 점에서 '손실'과 '피해'를 포함한다. 개념의 모호성으로 인해, 제19차 기후변화협약은 단순한 연산을 통한 금전적 보상이 아닌, 장기적 그리고 제도적인 보상을 목표로 진행되었다.

그 결론 중 하나는 선진국이 개도국에 대한 장기적인 기후 재원을 제공하는 것이다. 기후 재원은 선진국이 개도국에게 투명하게 환경 보호 정책을 형성하고 이행하는 데 사용하도록 제공하는 재원으로서 2013년부터 2020년까지 1천억 달러를 제공하고 개도국 정당들의 사용에 대한 평가라는 목표를 제시한다. 이 개념을 통해 지금까지 기후 변화에 대한 각국의 적응 혹은 온실가스 배출 감축이라는 사전적인 국제적 접근이나 사후적 국내적 접근이 아닌, 개발도상국에게 기후 변화 피해에 대한 보상을 가능하도록 했다.

또다른 결론은 집행위원회를 설치하고 관련 행위자들 간 연결 관계를 강화하는 것이다. 또한, 종합적으로 위기관리전략을 이행하기 위해 종합정보체제를 설치하고, 전문가 그룹과 적응위원회, 최저개발국 전문가 그룹 등을 포함해 종합적 권고안을 작성하는 것을 요청했다. 이는 연례 보고서를 통해 더욱 심도있는 이해가 가능하게 할 것이며, 선진국과 개발도상국 모두에게 기후 협약을 이행하도록 하는 데 강력한 근거가 될 것이다.

WIM의 궁극적 의도는 기후변화에 가장 크게 기여한 국가들이 초래한 침해에 대하여 보상할 책임을 배제하자는 것인데, 이에 따르면 환경 파괴 문제의 신식민주의적 특성을 해소해 개발도상국에게 큰 인센티브를 제공할 것으로 생각된다. 이러한 제도를 활용한 방안의 목표는 결국 환경협약에 일부 강제성을 부여하는 것일 것이다. '내정 불간섭'의 원칙을 고수하는 국제 사회에서 환경 문제 의제에 대해서는 강제성을 부여한다는 것이 비논리적으로 여겨질 수도 있지만, 경제나 전통 안보의 문제와는 달리 환경 문제는 범지구적이며 강제성 없이는 신뢰가 형성될 수 없는 구조 내에서 논의되는 문제이기에 강제성의 부여는 개발도상국과 선진국 모두에게 이득을 가져올 것으로 생각된다. 개발도상국들은 자신들이 환경 보호를 성실히 이행하고 WIM 등의 제도를 활용하고 위원회 등 기구에 정밀한 확인을 받는다면 그에 대한 기회 비용을 경제적으로 보상받을 수 있을 것이라는 믿음이 생길 것이다. 반면, 선진국들은 현재까지 자신들이 기후 변화와 환경 문제에 기여했던 점들에 대해 보상을 함과 동시에 온실가스 배출량이 더욱 높아질 것으로 예상되는 개발도상국에게 환경 협약을 따르게 하는 강제성을 부여함으로써 불확실성이 감소할 것으로 판단된다.

　또다른 방향성으로 1992년 브라질 리우의 유엔환경개발회의에서 채택된 '리우선언' 제7조의 "공동의 그러나 차별적 책임"Common but Differentiated Responsibility 개념은 앞으로 파리협정을 발전시켜 나가고 탈식민주의적 관점을 포함한 환경 보호 담론의 방향성 설정에 중추적인 역할을 할 수 있다.[10] 공동의 책임은 환경 문제가 전지구적 문제이며 모든 국가에 영향을 미치기에 모든 국가가 책임을 느끼며 환경 보호에 동참해야 한다는 개념인데, 탈식민주의적 관점에서는 차별적 책임에 더 큰 비중을 두어야한다. 차별적 책임은 현재까지의 환경 파괴에 대한 기여도를 고려해 선진국들은 환경 보호 담론에 더 큰 책임을 부여한다는 것이다. 기후변화에 관한 유엔 기본협약에서는 "개발도상국 당사국의 기후변화 및 이에 따른 부정적 영향에 취약함을 감안한 특별한 필요와 사정"을 명시했고 이러한 표현은 개발도상국의 환경 보호 부담을 줄여줌과 동시에 개발도상국의 환경 보호에 대한 보상을 보장한다.[11] 또한, 몬트리올 의정서에서도 모든 당사국에 대한 일률적인 평등 대우는 형평에 어긋나며 차별적으로 환경 보호의 부담을 진

---

10   윤성혜, "국제환경법상 "공동의 그러나 차별적책임"(CBDR) 원칙의 형평성 문제에 대한 소고", 『과학기술법연구』 19권1호(2013), pp. 165-196.

11   윤성혜(2013), pp. 165-196.

다는 점을 명시해 국제 사회에서 개발도상국은 환경 보호 담론을 수행하는 역할만이 아닌, 선진국의 참여를 촉구할 수 잇고 감시할 수 있는 주체가 됨을 의미한다.

하지만, '차별적 책임' 개념도 일부 보완이 필요한데, 지금까지의 누적된 환경 파괴에 대한 기여도를 포함하기도 해야 하지만, 앞서 언급된 세계 인구의 증가 및 개발도상국의 환경 사용 증가에 따라 미래의 환경 사용에 대한 예상까지 그 범위에 포함해 차별적 책임을 적용시켜야 한다는 것이다. 선진국의 기여도만을 고려해 선진국에게만 추가적인 부담을 지우는 것은 탈식민주의적 사고가 새로운 보편주의를 형성하는 것으로 해석된다. 이러한 접근은 탈식민주의의 지향점과는 거리가 있는 것으로, 선진국의 누적 책임뿐만 아닌, 이러한 관점을 유지하며 잠재적으로 환경 파괴에 큰 부분을 차지할 수 있는 국가들을 견제하거나 개도국의 지위를 역으로 남용해 자신들은 환경 보호에서 부담을 회피하려는 기제로서 '차별적 책임'이 활용되는 것을 지양해야 한다.

V. 결론

종합적으로, 환경 파괴와 기후 위기는 범국가적인 영향을 갖는 시급한 문제로 여겨지며, 개발도상국의 입장에서 해당 문제는 직접적이고 실질적이며, 선진국보다 더욱 큰 피해를 만들어 낼 수 있다. 하지만, 현재까지의 환경 보호 담론은 선진국이 위주가 되었으며 경제적 지원이라는 단순한 방안만이 주요한 논제가 되어왔으며 개발도상국은 환경 보호의 수행자적 역할에 제한되어왔다. 이러한 위계적 질서 아래 개발도상국들은 환경 보호 담론이 식민주의 질서의 재생산이자 자신들의 경제 성장을 저해하는 요소로 판단해 소극적인 참여를 보여왔다. 개발도상국에게 환경 보호는 pro-environment와 pro-development 간의

문제로 여겨지고, 경제 성장이 필수적인 해당 국가들에게
는 현재 경제 성장이 더욱 시급하고 중요한 문제로 받아들
여진다. 그러한 과정에서 환경 문제는 악화되어왔으며, 개
발도상국의 참여를 이끌어내고 환경 문제의 해결을 위해
서는 탈식민주의적 접근이 필수적이다. 따라서, 이 글에서
는 WIM이라는 방안을 통해 환경 보호 담론에서 개발도
상국 또한 선진국을 감시하고 강제성을 개발도상국이 아
닌 선진국에도 부여하는 방안을 논의했다. 또한, '차별적
책임' 개념의 보완을 통해 현재까지 환경 파괴에 기여도가
높은 선진국의 책임을 강화하는 동시에 미래에 환경 파괴
기여도가 높을 것으로 전망되는 개발도상국에 대한 규제
도 적절히 담론에 포함되어야 할 것임을 주장했다. 결론적
으로, 환경 보호 담론은 그 문제의 심각성에 따라 선진국
과 개도국 모두 강제성과 필수성이 부여되어야 하며 그 책
임은 현재까지와 미래에 예상되는 환경 사용 기여도에 따
라 지워져야 하고 환경 보호 담론에서 개발도상국의 지위

가 보장되는 동시에 그들의 목소리가 더욱 확대되어 환경 문제의 실질적 해결이 이뤄질 수 있기를 바라는 마음으로 글을 마무리한다.

참고문헌

소병천. "국제법상 기후변화피해책임 – 기후변화협상 '손실 및 피해'(Loss & Damage) 논의를 중심으로." 『국제법평론』 no.45(2016).

윤성혜. "국제환경법상 "공동의 그러나 차별적책임"(CBDR) 원칙의 형평성 문제에 대한 소고." 『과학기술법연구』 19권1호(2013).

이호무. "2013년 바르샤바 기후변화 당사국총회 결과 및 시사점." 『에너지포커스』(2013년 겨울호).

장신. "개도국 입장에서 본 파리기후변화협정의 협상 과정과 성과." 『법학논총』 40권1호(2020).

이근영. "'침수 위험' 한국 14위, 서울 19위 … 지구온도 더 올라가면?." 『한겨레』(2021년 10월 13일). https://www.hani.co.kr/arti/society/environment/1015003.html(검색일: 2022. 11. 17).

정태성. "[프리미엄 리포트] 가난한 사람에게 더 가혹한 기후위기." 『동아사이언스』(2022년 4월 30일). https://m.dongascience.com/news.php?idx=53887#:~:text=%EA%B8%B0%ED%9B%84%EB%B3%80%ED%99%94%EB%A1%9C%20%EC%9D%B8%ED%95%B4%20%ED%8F%AD%EC%97%BC,%EB%85%B8%EC%B6%9C%EB%90%98%EB%8A%94%20%EA%B2%B0%EA%B3%BC%EB%A5%BC%20%EB%82%B3%EC%95%98%EB%8B%A4(검색일: 2022. 11. 15).

데일리인도네시아 데스크기자. "아궁화산 분화 이은 태풍에 25명 사망·실종." 『데일리인도네시아』(2017년 12월 4일). http://dailyindonesia.co.kr/news/view.php?no=16176(검색일: 2022. 11. 20).

심재율. "남극 오존층 구멍 올해는 '양호.'" 『사이언스타임즈』(2018년 11월 7일). https://www.sciencetimes.co.kr/news/%EB%82%A8%EA%B7%B9-%EC%98%A4%EC%A1%B4%EC%B8%B5-%EA%B5%AC%EB%A9%8D-%EC%98%AC%ED%95%B4%EB%8A%94-

%EC%96%91%ED%98%B8/#:~:text=NASA%EB%8A%94%20%E2
%80%9C%EC%98%A4%EC%A1%B4%EC%B8%B5%20%ED%
8C%8C%EA%B4%B4%EB%A1%9C,%EC%97%90%20%ED%81%
AC%EA%B2%8C%20%EC%98%81%ED%96%A5%EC%9D%84%
20%EB%B0%9B%EC%95%98%EB%8B%A4(검색일: 2022. 11. 20).

말 채드윅(Mal Chadwick). "10분만에 읽는 '파리기후변화협정' A to Z."
(2021년 04월 15일) https://www.greenpeace.org/korea/
update/17235/blog-ce-paris-climate-agreement-a-to-
z/#:~:text=2016%EB%85%84%EC%97%90%20%EC%B2%B4
EA%B2%B0%EB%90%9C,%EC%B5%9C%EC%B4%88%EC%
9D%98%20%EA%B8%B0%ED%9B%84%20%ED%95%A9%EC%
9D%98%EC%9E%85%EB%8B%88%EB%8B%A4(검색일: 2022. 11.
17).

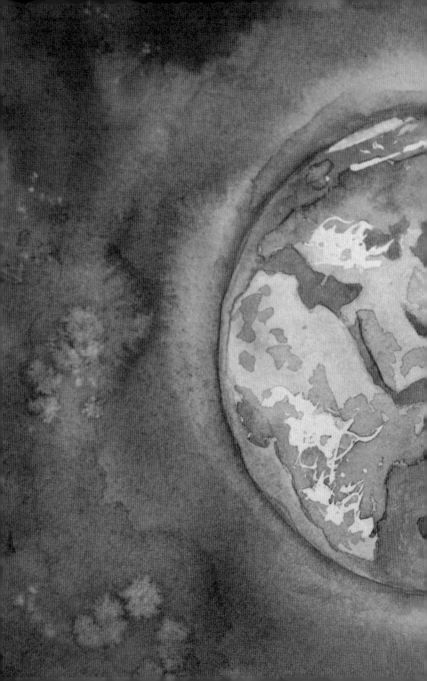

4

동북아 환경협력의
현황과 향배

—

한양대학교 정치외교학과 | **조수민**

동북아 환경협력의
현황과 향배

—

한양대학교 정치외교학과 조수민

요약문

기후변화와 환경오염 등으로 인한 환경문제의 심각성은 나날이 심해지고 있는 추세이다. 1972년 이후 국제사회는 본격적으로 환경에 관심을 가지기 시작했고, 그 관심은 지금까지 이어져오고 있다. 환경은 더 이상 하위정치적 문제가 아니다. 우리 삶에 직접적인 영향을 끼치는 안보적 문제이다. 그렇다면 더 이상 무시할 수 없는 환경문제를 마주한 동북아 지역은 어떠한 움직임을 보이고 있을까? 환경

문제는 개별국가가 독립적으로 해결할 수 있는 일이 아니다. 또한 자연환경은 인접국끼리 영향을 주고받는다는 성질을 가지고 있으며, 이는 그 인접국끼리의 협력을 요구하는 요소이기도 하다. 본 글은 환경안보의 개념에 대해 살펴보고 동북아시아 지역의 월경성 환경문제의 심각함에 대해 지적한 후 동북아 환경협력의 현황과 향후 방향성에 대한 한국의 입장을 논하였다.

핵심어　환경안보, 국제협력, 환경협력, 동북아시아

I. 서론

기후변화에 따른 기후위기 등의 환경문제는 전 인류 공동이 함께 해결해야 하는 범세계적 과제이다. 환경문제는 더 이상 미래의 일이 아니다. 유엔 산하 기후변화에

관한 정부 간 협의체 IPCC, Intergovernmental Panel on Climate Change 는 2021년 기후변화에 대한 포괄적인 분석을 담은 6차 보고서에서 향후 20년 안에 지구의 평균 온도가 19세 기 말보다 섭씨 1.5도 상승할 수 있다고 전망했다. 이러한 기후변화는 그 자체로 인간안보를 위협하는 기후위기의 원인이 된다. 예를 들면 폭염과 한파, 태풍 등 극단적인 기 후현상이 과거에 비해 점점 더 잦게 나타날 것이다. 그렇기 에 세계적으로 환경문제에 대응하려는 움직임은 지속적 이며 다양하게 나타난다. 이는 당연하게도 동북아 지역을 예외로 하지 않는다. 동북아는 지리적으로 매우 인접해 있 어 지역간 협력이 불가피하다. 동북아의 경우 급속한 경제 성장으로 인한 환경오염이 매우 심각한 수준으로 나타나 며 이러한 환경오염 문제가 어느 한 국가에 국한하여 나타 나지 않는다. 동북아에서 산성비 문제, 황사 및 미세먼지 문제, 해양 오염의 문제, 생태계 파괴로 인한 생물다양성 감소 등의 문제는 현재까지도 지속적으로 일어나고 있다.

그러나 국가 간의 경제적 격차나 역사적 갈등 등으로 인해 환경을 위한 협력은 매우 부진한 상태에 놓여 있다. 동북아의 환경문제 해결을 위한 움직임은 지속적으로 나타나고 있으나, 그 결과의 유의미성에 대한 의문은 부정할 수 없다. 기후위기는 더 이상 미룰 수 있는 문제가 아니다. 환경문제를 안보의 차원에서 바라봄으로써 경각심을 가져야 한다. 본 논문의 장에서는 환경문제에 대한 국제사회의 반응과 환경안보라는 개념의 탄생에 대해 알아본 후 Ⅲ장에서 동북아시아 지역에 마주한 기후위기 및 환경오염 등의 환경문제와 그들의 해결을 위한 동북아 기후협력의 현황에 대해 살펴보며 그것들의 문제점이 무엇인지 분석하여 이를 토대로 환경협력을 위해 동북아가 나아가야 할 전반적인 방향에 대해 논하고자 한다.

II. 환경안보

국제사회와 환경문제

기후변화로 인한 기상이변이 지구촌 곳곳을 급습하면서 기후변화를 21세기 인류가 직면한 최대의 도전으로 인식하는 공감대가 커지고 있다. 그 심각성에 대한 논의가 증가하고 있으며 이에 따라 정부차원에서 전략 마련을 하는 국가들 또한 늘고 있다. 환경문제는 어느 한 국가만의 문제도 아닐뿐더러 한 국가의 노력으로 해결되지도 않는다. 이것은 50년 전, 인류의 미래에 대해 논한 로마클럽의 보고서인 성장의 한계 Limits to Growth 에서도 지적된 바 있음을 상기시켜 볼 수 있다. 2007년 5월 세계기상기구WMO 총회에 참석한 반기문 유엔사무총장은 지구온난화가 가져올 대재앙의 심각성을 강조하고 기후변화를 인류의 안보문제라고 천명하는 등 유엔차원의 적극적인 입장을 표명한 바 있다.

　폭염이나 홍수, 기후위기로 인한 산불 등 극한의 기후현상이 세계 곳곳에서 일어나고 있으며 이들은 점점 더 심해져 현 사회에 실제적 영향을 크게 미치고 있다. 뿐만 아니라 지구의 온도 상승으로 인한 해수면 상승, 사막화 현상의 가속화 등은 우리사회에 닥친 기후변화의 심각성을 알려준다. 국제사회의 기후위기 대응은 기후변화 협약의 역사로 축약하여 살펴볼 수 있다. 1972년 최초로 국제적으로 환경문제를 논의한 인간환경회의 UNCHE, United Nations Conference on the Human Environment [1]부터 유엔기후변화협약 UNFCCC, United Nations Framework Convention on Climate Change, [2] 교토의정서, [3] POST-2012 협상 실패 및 교토의정서 제2차 공약기간 설정, [4] POST-2020 신기후협상 개시, 파리기후변화협약 Paris Climate Change Accord [5] 등 국제사회는 환경에 대한 논의를 이어가며 기후위기에 대응하고 있다. 이와 더불어 세계의 대응은 국가들의 협약뿐만 아

1　유엔인간환경회의는 스톡홀름회의라고도 불리며 '오직 하나뿐인 지구'라는 슬로건과 함께 1972년 6월 UN에서 개최하였다. 총 113개국의 대표가 모여 진행되었으며, 인간 경제활동으로 인하여 발생한 오염 및 공해의 문제를 범지구적으로 해결하기 위하여 스톡홀름선언(인간환경선언)을 채택하였다.

2　선진국과 개발도상국이 '공동의, 그러나 차별화된 책임'에 따라 각자의 능력에 맞게 온실가스를 감축할 것을 약속한 협약으로 1992년 6월 브라질 리우

니라 범세계적 환경문제를 다루는 여러 국제기구의 탄생
으로도 그 노력을 엿볼 수 있다. 대표적인 예로 유엔환경
계획 UNEP, United Nations Environment Programme ,[6] 세계자연보
전연맹 IUCN, International Union for Conservation of Nature [7] 등이
있다.

환경안보의 의미 및 환경안보를 둘러싼 논의

　전통적으로 안보란 타국으로부터 발생하는 자국에 대
한 위협이 부존재한 상태로 이해되어 왔다.[8] 냉전체제의
종식 이후 기존의 안보 개념에서 중요시 여겨진 군사 중심
적 안보 이외의 요소들의 안보에 대한 논의가 대두되기 시
작하였고 1990년대 이후 안보개념의 다각화가 요구되었
다. 그 결과 유엔개발계획 UNDP 은 "인간안보 human security "
개념을, 세계식량기구 FAO 는 "식량안보 food security " 개념을,
세계보건기구 WHO 는 "지구보건안보 global health security "개

데자네이루에서 개최되었다.

3　선진국들의 수량(2008년부터 2012년까지 온실가스 배출량을 1990년 수준 대비 평
균 5.2%를 감축하라는 의무를 부과하였다.)적인 온실가스 감축의무를 규정한 것으
로 1997년 일본 교토에서 개최된 제3차 유엔기후변화협약 당사국총회에서 채
택되었다.

념을, 세계에너지기구IEA는 "에너지안보energy security" 개념을, 유엔 환경계획은 "환경안보environment security" 개념을 사용하는 등 전통적인 군사 안보개념 이외의 다양한 안보개념들이 사용되기에 이르렀다.[9] 안보개념의 확장과 함께 전지구적 환경문제의 논의가 시작되며 환경안보라는 개념이 대두되었다. 환경안보environmental security는 자연생태계가 회복, 유지되는 가운데 인간의 지속적인 발전과 삶의 질 향상이 가능하다는 인식하에 환경과 조화를 이루어 가는 것으로, 세계안보에 영향을 미치는 환경변화에 대한 예방과 관리를 의미한다.[10] 1992년 리우데자네이루에서 열렸던 '환경과 개발에 관한 유엔회의' 이후 환경안보라는 개념이 구체화되기 시작하였다.

　환경안보라는 개념이 실질적으로 제도화되는 과정에서 당사국 간의 양자관계부터 전 지구적인 다자간 협력 형태에 이르기까지 어떠한 방식이 가장 유용한 것인가에 대한 많은 고민이 있어왔다.[11] 그러나 환경안보라는 단어가 가

4　2007년 발리에서 열린 제13차 당사국총회에서는 교토의정서 1차 공약기간 (2008-2012)의 종료에 대비하여, 교토의정서에 불참한 선진국과 개도국까지 참여하는 Post-2012 체제를 제15차 당사국총회(2009)에서 출범시키기로 합의하였다. 그러나 감축목표나 개도국에 대한 재정지원과 같은 핵심쟁점을 둘러싸고 선진국과 개도국이 갈등을 해소하지 못했고, 결국 제15차 당사국총회(코펜하겐)에서 Post-2012 체제의 출범은 좌초되고 말았다.

지는 모호성에 대해 지적하며 환경을 안보문제로 바라보는 것에 대한 비판적 시각도 존재한다. 환경안보라는 용어는 다양한 이슈들에 대한 내용을 담고 있고 이런 광범위한 범위의 정의는 그 개념의 명백성이나 활용성을 희석시켜 오히려 학계나 정책결정자들의 관심을 줄이는 결과를 초래할 수 있다는 것이다.[12] 또한 "환경안보를 정의하고 개념화하기 위한 노력은 체계적으로 정립된 분석틀이나 정책 제안을 제공하기 보다는 개념적, 정책적 혼돈을 초래하고 있다" 고 주장되기도 했다.[13] 이러한 지적은 어떠한 환경적 위협 상황을 전제하는가에 대한 판단과 명시적 지표나 객관적 기준이 제대로 마련되지 않는다는 점에서 유의미하게 받아들일 필요가 있다.[14] 그러나 환경안보라는 개념은 앞의 비판에도 불구하고 실제의 위협이 다양하고 빈번하게 나타났기에, 사라지지 않고 전 세계적으로 확산되어 왔다.

5　2020년부터 모든 국가가 참여하는 신기후체제의 근간이 될 협정으로 2015년 12월 파리에서 열린 제21차 당사국총회에서 채택되었다. 선진국에만 온실가스 감축의무를 부과했던 기존 교토의정서와 달리 모든 국가가 자국의 상황을 반영해 참여하는 보편적인 체제이다.

6　1973년 1월에 설립된 국제 연합 기관으로 국제 연합 인간 환경 회의에서 채택된 인간 환경 선언을 실시하기 위해서 설립되었다.

Ⅲ. 기후위기와 동북아 협력

동북아의 기후위기

오염물질로 인한 환경오염 문제, 기후위기는 오늘날 한 국가의 일이 아닌 범세계적 문제로 세계 정치의 주요 의제가 되어 다뤄지고 있다. 동북아 지역[15]은 지리적으로 인접해 있기에 급속한 경제성장이 초래한 다양한 환경문제를 공유하고 있다. 이러한 동북아 지역의 월경환경이슈의 현황을 크게 4가지 즉, 산성비 문제, 황사 문제, 해양 및 하천 오염의 문제, 생태계 파괴로 인한 생물다양성 감소의 문제로 나누어 살펴보고자 한다.

산성비 문제

산성비란 화석연료를 연소시키면 생성되는 황산화물, 질소산화물 등에 의해 비의 산성도가 증가되는 현상을 의

7　세계 최대 규모의 환경보호 관련 국제기구로, 자원 및 자연 보호를 위해 설립되었다.

8　정서용, "환경안보 개념의 대두와 국제법의 대응", 『환경법연구』 제27권 제2호(2005), pp. 3-4.

9　정서용(2005), p. 3.

10　이신화, "세계정치와 동아시아 안보: 동아시아 인간안보와 글로벌 거버넌

미한다. 이러한 산성비는 산림 및 토양을 황폐화시키며 인체에도 해를 끼치는 등 광범위한 피해를 유발한다. 산성비 원인물질은 발생지역으로부터 500~1,000km까지 이동함으로써 월경성 환경문제를 유발시키는데,[16] 특히 화석연료가 동북아 에너지 소비의 주 종을 이루고 있기 때문에 이산화황의 배출도 이에 비례적으로 증가하고 있으며, 한국, 북한, 일본, 중국의 동북부는 산성비 피해지역으로 대두되고 있다.[17]

황사문제 및 미세먼지

황사는 중국 또는 몽골 등 아시아 중부에 위치한 사막과 황토 지역의 작은 모래·황토·먼지가 하늘에 떠서 상풍을 타고 멀리 날아가는 현상을 말한다. 이때 흩날리는 작은 모래 들엔 마그네슘·규소·알루미늄·철·칼륨·칼슘 등의 산화물이 포함되어 있으며 이들은 대기오염의 주 원인이 된다. 최근 지구 온난화와 황사 발원지 인근의 도시화

스", 『세계정치』 5권 0호(2006), pp. 89-90.

11 심각한 환경피해의 가능성에 공동으로 대응하게 할 수 있는 협력의 원칙, 주 권국가들이 환경문제가 발생하지 않도록 주의의무를 다해야 한다는 사전주의 원칙, 환경에 대한 피해를 방지하거나 피해를 일으키거나 일으킬 위험이 있는 행위를 감소, 제한 혹은 통제하는 방지행위의 원칙 등이 여기에 해당된다. 정서용(2005), p. 9.

와 토지개발로 인하여 중국 북부 내륙지방의 사막화가 급
속히 진행되어 2000년대 들어서 황사의 발생횟수와 강한
황사현 상의 증가 추세를 나타내고 있다.[18] 황사는 본래 자
연현상이다. 그러나 중국의 광범위한 산림개발 및 경제개
발로 인해 토양유실 및 사막화가 급속히 진행되어 황사발
생 지역과 그 양이 증가[19]하며 문제가 심각 해졌다. 90년대
에는 연평균 황사발생빈도가 3.3회 정도였으나, 2000 년
대 이후 평균 8.6회로 급격히 증가하였고, 계절에 상관없
이 연중 황사가 발생하는 경우도 관측되고 있다.[20] 최근 10
년 사이 미세먼지의 문제가 빠르게 커졌다. 미세먼지는 대
기중에 떠다니며 육안으로 확인할 수 없는 작은 먼지를
지칭하는 말로 그 성분과 크기로 황사와 구분된다. 토양
성분의 흙먼지인 황사에 비해 미세먼지는 산업 활동의 결
과로 배출되는 황산염, 질산염, 암모니아 등이 주요 성분
인 오염 물 질로 PM10과 PM2.5로 구분되며 세계보건기
구WHO-World Health Organization 가 1군 발암물질로 분류한

---

12 이신화, "환경전쟁(Eco Conflict)?"『한국정치학회보』제30집 제3호(1996),
p. 310.
13 최병두, "국제 환경안보와 동북아 국가들의 한계",『대한지리학회지』제39
권 제6호(2004), p. 935.
14 방민석, "환경안보 차원에서 보는 월경성 대기오염 문제 해결을 위한 정
책 과제: 동북아 환경 거버넌스 구축을 중심으로",『평화학연구』제19권 제1호

유해물질로, 사람의 호흡기뿐 아니라 심혈관계에 이상을
일으켜 조기 사망을 초래할 수 있다.[21] 미세먼지 중국 외
요인 비율이 평상시 30~50%, 높은 농도 시 60~80%에
달하는 것으로 분석되고 있다. 중국정부는 그동안 한반도
에 대한 미세먼지 영향을 부인하다가 동북아 장거리 이동
대기오염물질 공동연구 보고서에서 처음으로 32%의 기
여를 인정하게 되었다.[22]

해양오염

해양오염은 주로 하천 또는 강으로 유입되는 폐수, 유류
오염사고와 방사능 폐기물로 인해 발생하며 동북아 지역
대다수의 나라가 해안선을 가지고 있다는 점에서 각 국간
의 갈등 유발 원인이 된다. 실제, 한국 서해안에서의 원유
유출사고 건수는 1987년과 1991년 사이에 3배나 증가하
였고, 중국 황후로부터 연간 751만 톤의 중금속 배출과 발
해만 시추현장에 서 방류되는 21,000톤의 원유로 인해 황

(2018), http://dx.doi.org/10.14363/kaps. p. 232.

15 본 논문에서 동북아지역의 범위는 생태계 연결성 및 환경문제의 연속성을
고려하여 동북아 지역을 한국, 북한, 일본, 중국, 몽골, 러시아로 국한하고 있음
을 밝힌다.

16 서인원, "동북아 환경협력 개요", 환경부(2000년 05월 25일), p. 1,
https://www.me.go.kr/home/web/policy_data/read.do?menuId=10

해는 세계7대 오염해역 중 하나로 지목되고 있는 정도이
다.[23] 원자력 사고와 핵폐기물의 이전 문제는 자국의 환경
을 반영구적으로 파괴할 가능성이 있다는 점에서 현재 첨
예한 이슈로 부각중이다.[24] 최근의 예로는 일본의 후쿠시
마 오염수를 태평양에 방류한 사건이 있다.

환경파괴로 인한 생물다양성의 감소

　서식지의 파괴, 사냥과 남획으로 일본에서는 700종 이
상의 식물, 중국에서는 80종 이상의 새가 멸종위기에 놓
여 있는 것으로 보고되고 있으며 한국에서도 거의 비슷한
실정으로 알려지고 있다.[25] 지리적으로 생태계를 공유하
고 있는 동북아 지역은 심각한 생물다양성 감소의 사태를
마주하고 있다.

259&seq=81(검색일: 2022. 06. 14).
17　신의순, "동북아 산성비 문제와 환경협력", 『자원경제학회지』 제7권 제1호
(1994), pp. 120-121.
18　방민석, "환경안보 차원에서 보는 월경성 대기오염 문제 해결을 위한 정
책 과제: 동북아 환경 거버넌스 구축을 중심으로", 『평화학연구』 제19권 제1호
(2018), http://dx.doi.org/10.14363/kaps p. 238.

동북아 기후협력 현황

  동북아지역은 앞서 서술한 것과 같이 다양한 환경문제를 겪고 있다. 이러한 월경성 환경문제는 한 국가만의 노력으로 해결을 바랄 수 없다. 그렇기에 동북아지역은 다차원적인 환경협력을 위해 기구 설립 및 체제 정비 등을 진행해 나가고 있다. 동북아 환경협력은 한국·중국·일본의 세 나라를 주축으로 두고 시안별로 다른 동북아 국가들의 참여를 이끌어 내어 다양한 협력체 구축을 시도하였다. 북서태평양 보전 실천계획 NOWPAP-Northwest Pacific Action Plan 의 창설 이후 동북아 환경 협력 회의 NACEC-. Northeast Asia Conference on Environmental Cooperation 의 창설로 동북아시아 환경협력의 기초를 다지고 동북아 환경협력 고위급회의 NEASPEC-North-East Asian Subregional Programme for Environmental Cooperation 의 창설로 환경협력의 제도화를 시도하기 시작하였다. 이후 EANET, LTP등의 활동을 시

---

19   서인원(2000), p. 1.

20   방민석(2018), p. 238.

21   방민석(2018), p. 238.

22   이종호, "동북아시아 월경성 미세먼지에 대한 국제협력 방안", 『한국지적정보학회지』 제22권 제3호(2020), p. 118.

23   외교부 녹색환경외교과, "2021 기후환경외교편람", 외교부(2021

작으로 환경문제의 과학적 조사가 시작되었으며 한·중·
일 3국 환경장관회의 TEMM-Throttling Enabled Multicore Management 을 기반으로 둔 LTP(한·중·일 장거리 이동 대기오염물질
공동연구 사업)의 본격적 활동 시작 및 황사 프로그램 등을
가동하였다.[26]

동북아 협력의 문제점

동북아시아는 미래만의 일로 미룰 수 없는 당장의 월경
성 환경문제를 겪고 있으며, 그렇기에 환경보호를 위한 지
역 협력이 절실히 요구되고 있다. 이러한 점들로 위에서 나
열한 다양한 협력 기구 또는 체제가 마련되었다. 그러나 이
러한 노력에도 불구하고 공식적이고 체계화된 합의의 부
제로 동북아 지역의 환경협력에 대한 실효성에 대한 의문
이 제기되고 있다. 동북아시아 지역 협력 거버넌스 구축에
는 당사국들의 환경안보에 대한 인식 및 접근성의 차이라

년 04월 02일), https://www.mofa.go.kr/www/brd/m_20152/view.
do?seq=367888(검색일: 2022. 06. 14).

24 방민석(2018), p. 233.

25 변창구, "동북아 환경안보와 지역협력의 과제", 『한국동북아논총』 제12호
(1999), p. 30.

26 안형기, 이진만, 백형배, "글로벌 환경 거버넌스 구축 현황 및 과제-한중

는 근본적인 문제점이 존재한다. 이러한 인식의 차이는 각 국가의 경제발전 수준의 차이와의 긴밀한 연관성을 갖는다. 게다가, 국가들은 월경성오염과 환경 문제의 심각성을 공식적으로 언급하기를 꺼린다. 당장의 전통적인 안보이슈의 해결이 더 급하다 여기기 때문이다. 제도적으로 통합적이며 포괄적인 환경문제 해결을 위한 추진체계의 부재 또한 심각한 문제이다. 제도화의 수준을 높이기 위해서는 지역 협력에 참여하는 국가들이 자신의 주권에 대한 간섭이나 통제를 수용할 의사가 있어야 하지만 불신과 갈등을 안고 있는 이 지역의 국가들 로서는 그것이 쉽지 않음을 알 수 있다.[27]

또한 대기와 같은 지구의 환경은 공유재로서 무임승차 문제를 가져간다. 이는 지금 당장 환경문제가 심각하고, 앞으로는 더욱 그러하여 질것이 분명함에도 외의 안보문제만을 우선시하게 되는 근본적인 원인이라고 볼 수 있다.

일 환경장관회의(TEMM)를 중심으로 -", 『한국거버넌스학회보』 제22권 제3호 (2015), p. 468.
27 변창구(1999), p. 39.

동북아 기후협력 향후 방향

동북아 지역은 현재 닥친 환경문제가 명백하고 그것을 한국가의 노력으로 해결할 수 없다는 점을 인지하고 있음에도 불구하고 다양한 이해관계의 충돌로 완전한 협력의 장을 열기 쉽지 않은 상황이다.

그렇다면 이러한 상황에서 한국은 어떤 자세를 취해야 할까? 한국은 양측의 견해와 입장의 차이를 절충하는 매개역할을 충분히 할 수 있는 여건[28]이기 때문에 주도적으로 문제해결에 나서는 환경외교를 전개하여야 한다.[29] 이는 단순히 안보문제의 해결을 위한 것이 아닌 환경외교에 주도적인 입장을 취함으로써 중견국으로서의 입지 강화를 노릴 수 있음을 인지하고, 기회로 이용하는 것이다. 국내 정치적 요인들을 고려했을 때 '과연 우리나라가 환경문제에서 적극적이고 주도적인 입장을 취하는 것이 가능한가'라는 의문을 제기할 수 있다. 그렇기 때문에 국내 행위

28　한국은 지정학적으로 중국과 일본의 중간에 위치하여 있다. 즉, 월경성 환경 문제에 있어 환경오염 문제에 취약하다는 것이다.

29　변창구(1999), p. 41.

자들의 인식개선이 필요하다. 인식개선은 명확한 사실 확인으로부터 시작하여 과학적 지식의 축적을 통해 환경문제에 대한 대중의 인식을 고양함으로써 메타거버넌스를 구축하고 이를 공고화함으로써[30] 가능하다. 이러한 인식개선의 필요성은 비단 한국에 국한하는 이야기가 아니다. 시민사회 각성을 통한 국내 행위자들의 인식고양은 동북아의 민주주의 사회에서 유권자들의 국내 여론 형성에 따라 지배 엘리트의 고려가 뒤따를 수 있다. 그렇다면 환경문제가 심각하다고 여겨지는 중국은 대중 인식의 고양이 필요 없는 일일까? 그렇지 않다. 오히려 중국의 경우 동북아 지역 환경협력에 있어 가장 강력 한 영향력과 자유로운 전략을 택할 수 있는 행위자로 여겨지며 인구의 숫자, 환경문제 해결에 대해 느끼는 급박함, 실질적 행위 주체로서의 측면에서 접근했을 때 이들의 인식을 전환시켜 국가정부의 정책결정으로 연계시킴으로써 당사국의 협력을 이끌어 내는 것이 현실적이고도 실행가능 한 접근법이다.[31]

30　정기웅, 강택구, "동북아 환경협력을 위한 인식공동체의 확장과 환경교육", 『글로벌교육연구』 제11집 제4호(2019), p. 103.
31　정기웅, 강택구(2019), p. 101.

　　동북아 지역 협력의 주축이 되는 한중일, 세 국가간의 실질적 협력이 가능할지에 관한 우려 또한 무시할 수 없다. 러시아의 경우 현재로는 환경협력을 위한 논의가 불가능한 상황이라 볼 수 있다.[32] 앞의 세 국가 간의 협력에 대한 의문은 환경안보의 문제를 은연중에 하위 정치적으로 바라보았다는 반증이다. 안보문제에 대한 협의를 할 때와 같이 환경을 '안보'로서 대하여 협의를 진행해 나가야 한다. 실효성에 대한 의문이 있을지언정 2021년 미국과 중국은 세계 탄소 배출의 최상위로 기후문제에 대해 협력하겠다 밝힌 바 있었다. 이를 참고하여 동북아시아 지역의 적극적인 협력의 가능성을 모색해 나갔으면 한다.

32　러시아의 경우 타 국가들과는 예외적인 상황으로 파악됨으로 본 논문에서는 자의적으로 배제하도록 하겠다.

Ⅳ. 결론

근대사회에서 과학기술의 비약적 발전은 우리 인간 삶의 질을 빠르게 상승시켰다. 그러나 과학의 발전엔 양면성이 존재한다. 기술의 빠른 발전이 인간의 편리함과 함께 환경오염 및 기후변화를 초래한 것이다. 이러한 환경문제는 점차 커져 현재에 와선 무시할 수 없으며 경각심을 가져야 하는 수준이 되었다.

환경문제의 경우 여타의 전지구적 문제들 중에서 개인적 수준에서의 노력이 더욱이 중요하다고 생각된다. 그러나 이러한 개인의 역할은 아직 우리사회에서 당위적 수준에 그치는 경우가 많다. 또한 환경문제의 특성상 공공재의 성격을 띄고 있기에 개인이 경각심을 느끼고 행동하지 못하는 경우가 허다하다. 본 글에서 서술되었듯 환경문제에 관한 관심은 꾸준히 늘고 있는 추세이다. 그러나 문제에 비해 개인의, 국가의 그리고 세계의 대처는 미비한 수준이다.

2021년 말, 세계 10개 국 시민들을 조사한 결과가 발표되었는데 "엄격한 환경규제에 대다수가 찬성했지만(76%), 자기 습관을 바꿀 필요성을 못 느낀다(46%), 개인이 노력한다고 효과가 있을 것 같지 않다(39%), 기후–환경문제를 생각할 여력이 없다(33%)"라는 응답이 나왔다.[33] 이를 보았을 때 각 개인이 환경문제를 인지하는 것이 꼭 '행동'으로 귀결되지는 않는다는 결론을 내릴 수 있다. 그렇다면 우리는 개인행위자로서 기후위기에 어떻게 대처해야 할까? 개인의 행위가 가지는 가치에 대한 인식이 필요하다. 또한 이러한 개인의 행위를 미시적으로만 보는 것이 아닌 거시적 차원에서의 객관화가 필요하다. 환경에 대해 공부하고 환경과 관련된 단체에 속하며 환경을 지키는 캠페인에 속하는 것과 같은 개인의 행동에 대한 책임성을 가지는 것이다.

　본 글에선 국제사회에서 기후위기에 어떻게 대응하는지 살펴보고, 환경안보라는 개념의 사용으로 환경문제의

33　조효제, 『침묵의 범죄 에코사이드』(경기도 파주시: 창비, 2022), p. 277.

심각성을 강조하였다. 더불어 동북아시아 지역내의 월경 성기후위기 및 환경오염의 실태와 해결하기 위한 동북아시아 지역의 움직임, 더 나아가야 하는 방향에 대해 알아보았다. 우리는 기후위기의 심각성에 대해 정확하게 인식한후 동북아시아 지역에서 주도적인 태도로 환경 거버넌스를 대하여 국제사회에 중견국으로서의 리더십을 공고히 해야 한다.

참고문헌

조효제. 『침묵의 범죄 에코사이드』 경기도 파주시: 창비, 2022.

방민석. "환경안보 차원에서 보는 월경성 대기오염 문제 해결을 위한 정책 과제: 동북아 환경 거버넌스 구축을 중심으로." 『평화학연구』 제19권 제1호(2018).

변창구. "동북아 환경안보와 지역협력의 과제." 『한국동북아논총』 제12호 (1999).

신의순. "동북아 산성비 문제와 환경협력." 『자원경제학회지』 제7권 제1호 (1994).

안형기, 이진만, 백형배. "글로벌 환경 거버넌스 구축 현황 및 과제-한중일 환경장관회의(TEMM)를 중심으로-." 『한국거버넌스학회보』 제22권 제3호(2015).

이신화. "세계정치와 동아시아 안보: 동아시아 인간안보와 글로벌 거버넌스." 『세계정치』 제5권 0호(2006).

이신화. "환경전쟁(Eco Conflict)?" 『한국정치학회보』 제30집 제3호(1996).

이종호. "동북아시아 월경성 미세먼지에 대한 국제협력 방안." 『한국지적정보학회지』 제22권 제3호(2020).

정기웅, 강택구. "동북아 환경협력을 위한 인식공동체의 확장과 환경교육." 『글로벌교육연구』 제11집 제4호(2019).

정서용. "환경안보 개념의 대두와 국제법의 대응." 『환경법연구』 제27권 제2호(2005).

최병두. "국제 환경안보와 동북아 국가들의 한계." 『대한지리학회지』 제39권 6호(2004).

홍익표. "동북아 환경협력에 대한 비판적 고찰: 협력의 제약요인을 중심으로." 『국제정치논총』 제52집 제3호(2012).

김은경. "한중일 환경장관, 미세먼지 등 동북아 환경협력 논의." 『연합뉴스』(2021년 12월 02일). https://www.yna.co.kr/view/

AKR20211202087600530(검색일: 2022. 06. 14).

Roger Harrabin. "지구 온난화 '코드 레드'…유엔 기후변화 보고서 경고." 『BBC NEWS 코리아』(2021년 08월 10일). https://www.bbc.com/korean/news-58155013(검색일: 2022. 06. 14).

서인원. "동북아 환경협력 개요." 환경부(2000년 05월 25일). https://www.me.go.kr/home/web/policy_data/read.do?menuId=10259&seq=81(검색일: 2022. 06. 14)

외교부 녹색환경외교과. "2021 기후환경외교편람." 외교부(2021년 04월 02일). https://www.mofa.go.kr/www/brd/m_20152/view.do?seq=367888(검색일: 2022. 06. 14).

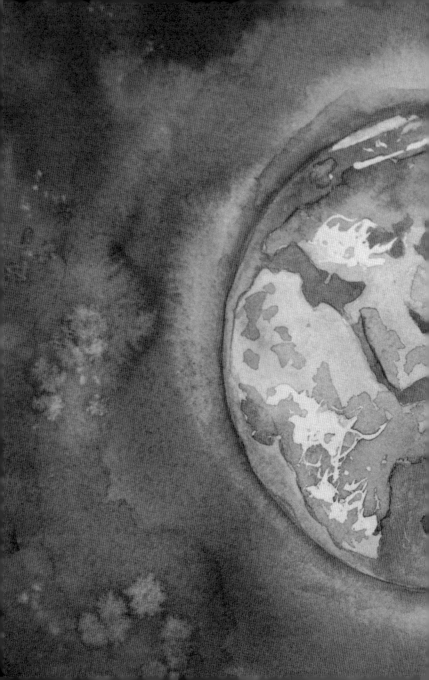

5

인간안보의 부상

: 국제적 연대와 합의에 관한 제언

—

한양대학교 정치외교학과 ǀ **박지연**

인간안보의 부상
: 국제적 연대와 합의에 관한 제언

—

한양대학교 정치외교학과　**박지연**

요약문

오늘날의 외교는 무력 사용과 국가 간의 이해관계만을 따지는, 국가안보적 외교에서 탈피했다. 근본적으로 인간 삶을 보전하고, 그 삶의 질 향상에 집중하는 인간안보가 대두되고 있다. 이러한 인간안보의 부상은 국제 정세에 위기를 가하는 국제적 사안 때문이다. 본고는 인간안보가 국가안보와 적절히 조화를 이루어야 하며, 협력과 연대를 통해 합의된 가치를 추구하는 것이 국제사회를 향한 해결책이라 제시했다. 안보와 외교의 개념부터, 인간안보에 위협을 가하는 기후위기와 코로나 19, 그리고 국가안보 및 인간안보에 대한 제언으로 논문을 구성했다.

핵심어 국제안보, 인간안보, 기후위기, 코로나 19, 국제연대

I. 서론

외교란 국가 혹은 국가 군 간의 관계 요소 중 하나를 의미하며, 안보외교는 이러한 외교의 범주에 속한다. 하지만 안보외교란 군사력이 포함된 힘의 사용을 배제한 협의나 협상으로, 그들 간의 관계를 유지하는 범주에서 정의된 외교와 안보외교라는 두 개념은 분명 다르다. 국가의 보호 혹은 국가가 미칠 수 있는 영향의 범주를 증진 및 확대시키기 위해 펼쳐지는 안보외교는 협의와 협상뿐만 아니라,

군사력을 포함한 폭력의 사용도 포괄하기 때문이다. 그리고 이러한 안보외교는 동서고금을 막론하고 전개되어 기록으로 남아 있다.[1]

오늘날의 안보외교는 국가라고 대변되는 정치집단들의 관계요소로 정치되어 있다. 이에 따라 안보외교는 정치집단의 생성 및 존속, 그리고 그 영향력이나 영향권을 보존하고 확대하기 위해 군사적이나 그 외적인 수단과 방법을 동원하여 행해지는 국가 간 협의, 교섭, 회유, 강제 행위라고 정의된다. 군사적인 시위, 압박, 봉쇄뿐만 아니라 심지어 전쟁까지도 수단으로 동원되는 특수한 형식과 내용을 포괄하며, 시간적으로도 전시와 평시의 구분을 두지 않는다. 따라서 안보외교는 군사력의 직접적인 사용을 위장하기 위해 우리가 통상적으로 사용하는 외교 및 협의를 수단으로 사용할 수 있다. 하지만 의도적인 외교적 배열과 합의를 결과로 도출하기 위해 제한적, 전면적으로 군사력을 이용할 수도 있는 실천적인 성격을 갖고 있다. 결론적으

---

1 온창일, 『안보외교론 1』(파주: 지문당, 2012), p. 25.

로 이러한 안보외교는 정치집단의 절대적 생존 및 상대적 위상을 결정짓는 총체적 교섭활동이다.[2]

　안보외교는 다양한 유형, 성격, 개념으로 구별된다. 그렇다면 현재의 안보외교는 어떠한 유형, 성격, 개념으로 분류될 수 있을까? 오늘날 강조되는 개념인 '지속가능한 발전'에 대해 생각했을 때, 과거에는 국가별로 다양한 이해관계를 추구했으나 현재는 그에 더해 하나의 공동선을 추구하는 모습을 볼 수 있다. 이는 UN의 UN-SDGs를 통해 잘 알 수 있다. UN-SDGs는 총 17가지의 지속가능한 발전 목표를 제시하며, 가난 혹은 여러 분야에서의 박탈감을 제거하기 위해 건강과 교육의 개선, 불평등의 감소, 경제 성장의 촉진이라는 전략을 필요로 한다. 이뿐만 아니라 기후 변화에 대응하여 우리의 해양과 숲을 보존하기 위한 노력 또한 지속가능한 발전을 도모하는 목표 중 하나라고 할 수 있다. 즉, 안보 외교 분야에 있어 평시 안보 외교이며, 다양한 주체의 안보 외교들이 등장하고 있다.

2　온창일(2012), p.31.

이러한 상황 가운데, 지속 가능한 분쟁 역시 우리에게 안보 외교에 대한 시사점을 제공한다. 현재 국제 사회에서 가장 주목받는 관심사는 에너지, 환경, 바이오 안보 문제일 것이다. 20세기에는 생존을 위한 국가 안보가 안보 분야의 주 관심사였다. 그렇다면 21세기에는 어떤 안보 분야가 주목받고 있을까? 바로 21세기에는 에너지의 안정적 확보, 대체 에너지 개발, 환경 보전, 식량 확보, 수자원 확보, 질병 관리 등 삶의 질과 관련된 안보 영역, 즉 인간 안보가 주목받고 있다. 특히 에너지 자원의 소비에 따른 초국가적 환경위협의 증대는 점차 국가 간 분쟁의 원인이 되어, 인류의 삶을 위협하고 있다. 따라서 에너지 안보, 환경 안보, 보건 안보 등의 확보를 필요로 하는 지속가능성 분쟁 Sustainability Conflict 은 21세기 국제사회에서 주목해야만 한다.[3]

냉전의 종식은 많은 국가로 하여금 이념적 갈등으로 인한 소모전이 아닌 경제 발전에 매진할 수 있도록 만들어주

---

3 이상환, "지속가능성 분쟁과 인간안보: 보건안보를 중심으로", 『정치정보연구』 제15권 2호(2012), p. 348.

었다. 이는 비정치적 측면에서 상당한 이득일 것이다.[4] 확실히 탈냉전 이후 냉전을 야기했던 이념적 갈등을 원인으로 하는 분쟁은 감소했다. 하지만 아프리카, 중남미, 아시아 지역에서는 에너지, 환경, 바이오와 같은 자원 자체를 둘러싼 새로운 분쟁들이 계속해서 발생하는 추세이다. 이처럼 제한된 자원의 중요성이 지속적으로 증대되고, 이에 따라 분쟁의 발생 가능성도 높아지고 있다. 이러한 분쟁의 해결은 지속가능한 글로벌 사회 Sustainable Global Society 를 위해 해결해야 할 중요한 과제이다. 제한된 자원을 둘러싼 분쟁은 국가 간 갈등이기에, 이것이 경제적 격차로 연결되어 일부 국가의 경우 내전이나 경제적 혼란과 같은 '국가 실패 State Failure' 현상이 발생하고 있다.[5] 환경 분쟁에 있어서 선진국과 개도국 간, 즉 감축 의무를 지는 국가와 지지 않는 국가 간의 갈등이 심화되는 것을 통해 이를 알 수 있다.[6]

　현재 신 냉전 시대가 도래하고 있다. 과연 3차 세계대전

4　현인택, 김성한, "인간안보와 한국 외교", 『국제관계연구』 제5권 제1호 (2001), p. 71.

5　현인택, 김성한(2001), p. 71.

6　이상환(2012), p. 349.

은 발발할 것인가? 만약 발생한다면, 그 분쟁의 성격은 지속 가능성을 중심으로 한 분쟁일 것이다. 따라서, 인간안보 차원에서 에너지와 환경 분쟁 등으로 비롯될 지 모르는 글로벌 위기들을 관리함으로써 지속가능한 글로벌 사회를 유지해야만 할 것이다.[7] 이러한 지속 가능성 분쟁은 '신부족주의'의 성격과 연결 지을 수 있다. 세계화가 이루어진 시장 경제에서 낙오한 이들은 종족, 종교, 인종과 같은 곳에서 자신을 보호할 피난처를 찾는다. 결국 일차적이며 본원적인 정체성을 찾는 것이다. 이를 경계해야 하는 이유는, '신부족주의적' 사고가 국민 국가에 기초한 민주주의를 위협하며 국가 분열을 초래하기 때문이다.[8]

이렇듯 국제적 위기가 부지기수인 현대 사회에서 전통적인 안보security 개념은 한계를 드러낸다.[9] 국제적 분쟁을 해결하기 위해 국제 사회는 개입과 보호, MDGs, 인권 개념의 확산 등 여러 동력을 형성 및 실천하고자 노력하고 있다. 또한, 문제의 심각성에 따라서는 그 문제를 안보

7 이상환(2012), p. 351.
8 현인택, 김성한(2001), p. 72.
9 이상환(2012), p. 351.

로 규정하려는 움직임을 보인다. 전쟁 등의 물리적 폭력만
이 인간다운 삶을 영위하지 못하게 하는 요소라는 기존의
안보 개념만으로는 자국민들에게 진정한 안보를 제공해
주지 못한다. 오늘날 안보 개념이 적실성을 갖기 위해서는
안보의 주체와 대상, 내용이 다양한 행위자와 분야에 걸
쳐 확대되어야 한다.[10] 이에 전 세계적 수준의 지속 가능한
발전을 도모하며, 세계 평화를 지향할 수 있게 유도하는
'인간안보'의 등장이 필수적이다.[11] 이에 이 논문에서는 '인
간안보'의 개념을 중심으로 새로운 안보의 등장과 안보의
위기에 대해 다뤄보고자 한다.

II. 안보외교와 인간안보

통상적으로 외교는 '펜으로 수행하는 전쟁', 전쟁은 '총
칼을 동원한 외교'라고 구분해왔다. 하지만 안보외교는 서

---

10 이혜정, 박지범, "인간안보: 국제규범의 창안, 변형과 확산", 『국제.지역연
구』제22권 제1호(2013), p. 2.
11 이상환(2012), p. 351.

론에서도 언급했듯이 전쟁을 비롯하여 모든 가용 수단과 방법을 사용하는 외교라고 규정 및 분석되었다. 따라서 외교와 안보외교, 안보외교의 개념 및 성격, 그리고 유형[12]을 아는 것은 오늘날 안보 개념을 확립하는 데 큰 도움이 될 것이다.

먼저 '안보'라는 단어는 학문적 용어로 '안전보장'의 줄임말이다. 냉전시대까지 안보의 개념은 주권국의 영토 보전을 위한 군사력 사용에 중심을 두고 있었으며, 매우 좁은 의미였다. 모겐소Han J. Morgenthau를 비롯한 현실주의 국제정치학자들은 '안보'라는 개념을 복잡하게 정의하려고 시도하지 않았고, 그저 단순한 개념으로 치부했다. 당시의 국가 안보에 대한 논의는 국제정치학계의 지배적인 접근 방법인 현실주의와 이상주의에 바탕을 두고 전개되었다. 카E.H. Carr와 모겐소 등의 현실주의자들은 군사력과 같은 '힘'을 통해 국가 안보라는 목표를 달성할 수 있다고 보았다. 이에 반해 이상주의자들은 안보란 평화를 위

---

12   온창일(2012), p.3.

한 노력의 결과로써 달성되는 것이라 인식했다. 이후 월퍼스Arnold Wolfers는 "안보란 객관적인 의미에서는 획득된 가치에 대한 위협의 부재를 측정하며, 주관적 의미에서는 그러한 가치가 공격받을 두려움이 없는 상태이다"라고 정의했다. 그리고 그의 안보에 대한 정의가 대표적인 정의로써 인정받았다.[13] 학자들의 안보에 대한 개념 정의를 막론하고, 냉전시대까지 안보분야의 이론은 현실주의적 패러다임이 주류를 이루었다.[14]

개념 정의에서도 살펴볼 수 있듯, 기존의 안보 연구들은 현실주의적 관점에서 외교나 국방정책을 통해 국가 간에 발생할 수 있는 군사적 갈등의 예방과 전쟁에서의 승리 방안 모색에 중점을 두었다. 하지만 1980년대에 들어 '공동안보common security', '포괄적 안보comprehensive security', '협력적 안보cooperative security' 등 다양한 안보 개념이 도입되었다. 이 개념들도 국가가 안보의 주체라는 국가 중심적 입장을 견지했으나, 국가 간 상호협력과 비군사적 안보요소

---

13 전웅, "국가안보와 인간안보", 『국제정치논총』 제44집 제1호(2004), p. 28.
14 전웅(2004), p. 29.

들을 강조했다. 이러한 점에서 기존의 현실주의 패러다임
과는 다른 시각을 보여준다.[15]

　이러한 상황 가운데 탈냉전을 겪으며 국제 사회의 안보
환경에는 많은 변화가 도래했다. 냉전 종식 후 세계는 국
가 간의 군사적, 정치적 갈등에서 비롯되는 전통적 위협
뿐만 아니라 인류 전체에 대한 '비전통적' 위협에 크게 노
출되어 있다. 비전통적 위협은 테러리즘, 마약밀매, 전염병,
해적, 불법이민, 난민, 환경안보, 에너지안보, 경제 및 금융
안보, 정보안보, 빈곤 등 다양한 형태로 존재한다.[16]

　즉 안보의 쟁점이 군사적인 요소에서 경제적인 문제까
지, 더 나아가 자원, 환경, 사회 문제 등 모든 비군사적 요
소들을 포괄하는 개념으로 변화한 것이다. 종래의 전통 안
보와는 달리 비전통 안보를 중시하는 자유주의적 시각의
확대로 이를 이해할 수 있다. 이처럼 안보의 쟁점 요소는
변화하고 있으며, 동시에 안보의 '대상' 역시 변화하고 있
다. 과거에는 국가를 보호 대상으로 삼는 '국가 안보'가 안

15　전웅(2004), p. 29.
16　정은숙, 『글로벌거버넌스와 국제안보』(파주: 한울아카데미, 2012), p. 17.

보의 중심이었다면, 현재는 '인간'의 복지와 안전 문제에 더 많은 비중을 두는 '인간안보'의 개념이 대두되는 것이다.[17]

　인간 안보의 개념은 안보의 주체를 국가가 아닌 인간 자체로 설정한 것으로, 아주 획기적인 안보관이다. 즉, 인간 안보는 기존의 국가 안보 패러다임에서 벗어나 인간을 군사적 위협뿐만 아니라 경제나 문화적 분야의 다양한 위협으로부터 보호할 대상으로 설정하는 것이다. 따라서 종족, 난민, 종교 등 인간에게 위협이 될 수 있는 모든 대상들을 고려하여, 인간에게 필요한 핵심적 가치를 확보하는 것으로 해석할 수도 있다.[18] 이는 앞서 얘기했던 '비전통적' 안보개념에 해당하며, 탈냉전 이후 내전, 기아, 빈곤, 인종청소 등의 문제가 부각되자 이에 대응하기 위해 유엔개발계획이 최초 주창하였다. 하지만 이러한 인간안보를 고정된 개념으로 바라봐서는 안 된다.[19]

　이러한 인간안보의 개념은 점차 변화하며 수정되고 확산되었다. 먼저 유엔개발계획이 1994년 보고서에 '안보란

17　전웅(2004), p. 26.
18　신희섭, 『2021 국제정치학 강의』(서울: 학연, 2021), p. 337.
19　이혜정, 박지범(2013), p. 1.

지속적인 기아, 질병, 범죄, 억압으로부터의 안전이며, 가정
이나 직장 등 사람들의 일상을 갑작스럽고 고통스럽게 파
괴하는 위협으로부터의 보호'라고 정의한 후 이를 '인간안
보'로 규정했다. 이 보고서를 통해 '인간안보' 개념이 국제
사회에 최초 소개되었다.[20] 하지만 이러한 인간안보의 개
념은 안보의 주체, 대상, 영역 설정이 비현실적이며, 주권국
가체제에 도전한다는 점에서 지나치게 급진적, 이상적이
라는 비판을 받았다.[21]

　또한 유엔개발계획은 인간안보의 개념을 총 7가지의 분
야로 분류하여 발표하였다. 그러나 이러한 인간안보의 개
념들이 개별적으로 존재하는 것이 아니라, 상호 중첩되는
영역과 충돌하는 부분이 명확하다는 비판을 받았다. 예
를 들어, 경제 안보를 위해서는 경제 성장이 필수적이지
만, 이러한 경제 성장은 환경 안보를 침해할 가능성이 있
다. 즉, 안보문제를 별도의 문제로 접근하는 것이 아니라
'총체적 holistic' 차원에서 접근해야한다는 것이다. 결국, 인

20　이혜정, 박지범(2013), p. 7.
21　이혜정, 박지범(2013), p. 8.

간 안보는 'Freedom from'과 'Freedom to'라는 두 가지 측면으로 나누어 생각할 수 있다. 이는 빈곤, 기아, 고문, 차별, 학대 등의 영역으로부터 자유로울 'Freedom from'과 인간 개개인이 자신의 삶[22]을 최대한으로 영위할 수 있는 능력과 기회에 대한 자유인 'Freedom to'를 의미하는 것이다. 결론적으로, 인간안보의 핵심은 '인권Human Rights'이다.[23]

이후 인간안보 개념은 유엔인권위원회 외에도 인간안보위원회와 유네스코의 개념 정의를 통해 점차 수정되었다. 이전에는 국가가 안보 위협의 주체라고 평가되었다면, 안보 제공자이자 안보 위협의 주체이기도 한 국가 안보 주권의 양면적 특징이 강조되었다. 즉, 안보제공행위자의 범위가 확대되었으며, 국가 주권 또한 조건부로 인정된 것이다.[24] 하지만 인간안보의 대상이 되는 문제들은 국내 및 국제 정치 간의 적절한 접합을 필요로 하며, 다차원적 노력이 요구된다. 동시에 우리가 살아가는 세계는 국가 주권이

---

22 현인택, 김성한(2001), p. 75.
23 현인택, 김성한(2001), p. 76.
24 현인택, 김성한(2001), p. 75.

라는 경계선이 존재하기에 문제가 발생할 수 있다. 그러나 인류 보편적 가치의 확산과 국가 간 상호 의존 현상이 가속화되기에, 인간안보를 바라보는 시각과 구현 방법에 대한 긴장감이 적절히 해소되어야 할 것이다.[25] 인간안보에는 개념의 모호성, 정치적 악용, 국가 배제의 어려움 등 다양한 문제점이 존재한다. 그러나 긴장감의 해소 차원에서도 언급했듯, 오늘날 발생하는 기후 변화와 코로나 19 같은 인간 삶에 대한 위협들은 인간 안보의 필요성을 강조한다. 국제 정세의 위기들을 통해 인간 안보의 필요성을 제고해보자.

III. 인간안보 ⅰ : 기후변화와 환경 안보

현재 전 세계는 기후 변화로 인한 이상 기후 발생으로 어려움을 겪고 있다. 영국 기상청에서는 영국 중부 링컨셔

---

25 현인택, 김성한(2001), p. 77.

주의 코닝스비 지역 기온이 7월 20일, 오후 4시 기준 40.3 도를 찍었으며, 이는 영국 역사상 최고치라고 발표했다. 지 속되는 폭염으로 철도와 지하철 운행은 대거 취소되거나 축소됐으며, 곳곳에서 철로가 휘고 도로포장이 녹는 등 기이한 현상이 발생하고 있다. 특히 전국 곳곳에서 산불이 나 소방당국에는 비상이 걸리기도 했다스티븐 벨처Steven Belcher 기상청 최고 과학 책임자는 "기상청 연구에서는 영 국 기온이 40도에 이르는 것이 사실상 불가능한 것이라 나 왔는데 온실가스로 인한 기후변화가 이런 극단적 기온을 가능케 했다"고 지적했다. 하지만 이는 영국만의 문제가 아 니다. 영국의 이웃 나라인 프랑스에서도 산불이 꺼지지 않 고, 서쪽 대서양 연안 지역을 중심으로 40도가 넘는 곳이 다반사이다. 이는 그리스와 이탈리아도 마찬가지며, 세계 기상기구는 유럽 폭염이 정점을 찍을 것으로 전망했다.[26]

　이렇듯 기후 변화는 세계 곳곳에 기상 이변으로 속출하 며, 기후변화를 21세기 인류가 직면한 최대의 위기로 상정

26　전성훈, "역대 최강 폭염에 화마까지 … 이상기후 덮친 유럽(종합2보)", 『연합 뉴스』(2022년 07월 20일), https://www.yna.co.kr/view/AKR20220719169652 085?input=1195m(검색일: 2022. 07. 22).

시켰다.[27] 이러한 기상 이변이 심각한 이유는 환경문제가 발생국 뿐만 아니라 다른 국가에까지 영향을 미치기 때문이다. 또한, 환경적 문제뿐만 아니라 정치적, 경제적, 사회적, 인도적인 결과와 연결되어 많은 나라들의 국익 및 안전과 밀접하게 관련되어 있다는 점에서 심각하다.[28] 2021년, 기후변화에 관한 정부 간 협의체인 IPCC의 종합보고서에서 "인간의 영향으로 대기, 해양, 육지가 온난해지고 있는 것은 명백한 사실"이며, "광범위하고 급속한 변화가 발생하고 있다"라는 과학적 사실을 공유했다.[29]

이에 따라 환경안보라는 개념이 등장했고, 기후변화를 안보의 관점에서 바라보아야 하는 이유는 자명해졌다. 기후변화 대응에는 수많은 도전과 난관이 존재한다. 기후변화의 핵심적인 이유는 온실가스 배출이라고 할 수 있다. 이는 인간 경제활동의 기본이 되는 화석 연료 사용에 기인하게 되는데, 이러한 화석 연료 사용에는 수많은 이해관계자가 다층적으로 영향을 미친다. 이것이 문제해결을 어

27 이신화, "기후변화와 국제정치적 쟁점", 『평화연구』 제16권 제2호 (2008), p. 31.
28 이신화 (2008), p. 32.
29 이태동, "기후변화와 국제정치: 경제, 안보, 개발, 행위자 연구 어젠다", 『국제정치논총』 제62집 제1호 (2022), p. 272.

렵게 만드는 것이다. 또한, 지구 대기는 공유재이기에 누군가는 자신의 이익을 도모하며 책임 지지 않으려는 무임승차 문제를 발생시킨다. 이러한 무임승차 문제를 완화하기 위해서는 '협력'이 필수적일 것이다.

기후변화는 경제적 불평등과 분배의 실패, 갈등을 관리할 정치 및 외교적 제도의 미작동, 기존에 존재하는 문화적 갈등을 통해 국가 간 갈등 증폭에 영향을 미칠 수 있다.[30] 저먼워치 German Watch 는 기후변화에 가장 큰 영향을 받은 국가로 모잠비크, 짐바브웨, 바하마를 꼽고 있는데, 이 국가들은 태풍과 홍수 피해에 특히 취약하며 대처 능력이 낮아 재건에 더 많은 시간과 노력을 필요로 한다는 점을 지적했다.[31] 이 외에도 나일강, 메콩강 등의 공유하천에서는 살아가는데 필수적인 물과 식량을 둘러싸고 갈등과 경쟁이 지속적으로 발생하고 있다.

환경 문제는 지구적 차원의 문제지만, 동시에 지역적 차원의 문제기도 하다. 선진국은 산업화 과정에서 에너지를

---

30 이태동(2022), p. 281.
31 이태동(2022), p. 280.

과도하게 소비하여 자원고갈이 심각하지만, 개도국은 인구 증가와 빈곤으로 인해 문제를 겪었다. 국가별로 환경과 관련한 갈등을 겪은 경험이 상이하기에 지구적 수준과 지역적 수준 양자 모두에서의 해결을 위한 국제적 협력이 필수적이다. 물론 과학적 분석을 통해 환경문제의 해결을 도모할 수 있겠지만, 환경문제의 특성상 정확한 분석과 예측이 어렵다. 따라서 국가들은 비국가 행위자, 즉 전문가들의 도움을 필요로 한다. 국제 환경 문제의 대두는 주권국으로 구성된 오늘날 국제정치체계에 대한 큰 도전이자 글로벌 거버넌스를 위한 중요한 기회일 것이다.[32]

특히 환경안보는 식량안보와 밀접한 관련성을 갖고 있다는 점에서 선결되어야 할 안보분야이다. 기후 변화는 식량의 유용성, 안정성, 접근성, 활용성과 같은 식량안보의 근본적 요소에 영향을 미친다. 식량난의 가장 대표적인 지역, 아프리카로 환경안보와 식량안보의 연관성을 다뤄보고자 한다. 지구 온난화로 인해 아프리카 대륙의 대부분이

---

32   신희섭, 『2021 국제정치학 강의』(서울: 학연, 2021), p. 540.

더 건조해지고 있으며, 전문가들은 엄청난 기후 변동을 겪을 것으로 예측한다. 그리고 아프리카는 70% 이상의 인구가 농업에 의존하기에 다른 대륙에 비해 더욱 심각한 결과가 초래될 것이다. 또한, 기후 변화와 더불어 식량 가격 변동성도 증가하기에 기후 변화는 결국 아프리카 대륙 내 농업사회의 부담을 가중시키고 산업의 발전을 저해할 것이 자명하다.[33]

　　환경은 한 번 파괴되거나 오염됐을 때 회복이 불가능하거나 많은 시간이 소요되며 인류의 생명과 삶을 위협한다. 뿐만 아니라, 식량, 경제 등의 문제와도 연결되는 것을 볼 수 있다. 따라서 환경 문제를 인간안보의 관점에서 접근하여 해결함으로써 환경안보를 강화해야할 것이다. 또한, 환경 관련 국제기구들과 국제 NGO의 양적 증가 및 노력은 지구환경 거버넌스, 국제환경레짐 등을 형성하여 환경문제에 대한 인식을 전환하였다. 따라서 이러한 환경적 협력과 연대를 지속시켜 공동의 노력을 양산해야 할 것이다.[34]

33　최동주, "기후변화 시대의 아프리카 식량안보", 『한국아프리카학회지』 (2015), p. 156.

Ⅳ. 인간안보 ⅱ : 코로나 19와 보건 안보

　사스, 메르스, 에볼라 같은 질병은 과거에 존재하지 않았던 신종질병이자, 국경을 넘어 유행하는 월경전염병이다. 전과 비교했을 때, 사람의 이동이 크게 늘어났고 이러한 가운데 급속히 전파되는 월경전염병 확산 방지는 필수적이다. 이를 위해 신종질병의 발병 원인과 치료에 대한 국가 간 정보 공유 및 협력이 필수적일 것이다. 인간 생명에 대한 위협은 국가와 국제사회 안보를 위협하는 지구적 의제이기에 건강 안보 혹은 보건 안보로 이를 규정 및 보호해야한다.[35] 빌게이츠는 "앞으로 수십 년 안에 천만 명 이상의 인류를 죽이는 것이 있다면, 그것은 전쟁이 아니라 전염성이 강한 바이러스일 것이다. 미사일이 아니라 세균인 이유는 지금 우리는 핵 억지에 엄청난 투자를 하고 있지만, 질병 예방에는 사실상 거의 투자를 하지 않기 때문이다. 우리는 전염병의 대유행에 준비가 되어 있지 않다."

34　임수진, "환경과 인간안보", 『중남미연구』 제37권 제1호(2018), p. 110.

35　임수진(2018), p. 94.

라고 말했다.

앞선 인간 안보에 대한 위협들과는 달리 보건에 대한 위협들은 인류 생존에 직접적인 영향을 미쳤고, 예측 불가능성을 크게 체감했다. 사스, 에볼라, 메르스, 지카 등의 바이러스와는 달리, 코로나 19는 확산 범위, 속도, 위협의 심각성 차원에서 전 지구적인 협력과 연대를 필요로 했다. 즉, 코로나 19를 계기로 하여 정성안보Hard Security 보다는 연성안보Soft Security 와 인간안보Human Security 가 중요한 의제로 부상된 것이다.[36]

V. 인간안보의 위기 : 신냉전과 패권경쟁

코로나 19와 기후 위기 등으로 인간 안보가 중요한 의제로 부상했음은 자명하다. 하지만 여전히 세계 질서는 현실주의 원칙이 장악하고 있다. 특히 이는 코로나를 통해 알

---

36 이성우, 정성희, "국제질서를 흔든 코로나19: 인간안보와 가치연대의 부상", 『이슈&진단』 제413호(2020), p. 4.

수 있었고, 국제 협력의 본질이 통합에서 손실회피 및 이익창출로 전환되었음도 볼 수 있었다. 또한, 코로나의 범유행으로 사상자가 속출하는 중에도 백신과 치료제 개발이 국가 단위로 진행되며, 오히려 경쟁 구도를 만들어냈다. 결국, 인간 삶 위협이라는 인간 안보의 위기 앞에서도 국가 간 상대적 이익이 우선되는 상황들은 여전한 현실주의 패권 질서를 다시 체감시킨 것이다.[37]

또 코로나는 손실회피를 위한 협력을 낳았고, 정치제도 간 동맹으로 진영을 형성하여 새로운 대결구도를 성립시켰다. 특히 냉전 종식 이후 미국은 30년가량 패권국으로써 세계 질서를 리드해왔다. 하지만 미국은 오미크론 확산 당시 하루 약 80만 명의 신규 확진자가 발생했으며, 현재 BA.5 확산으로 약 12만 명의 확진자의 지속적인 발생 중에 있다.[38] 특히 코로나 확산 초기 미국의 대응은 미흡했고, 그로 인해 미국 내 질서와 국제 질서까지 큰 타격을 입었다. 이러한 상황 가운데 대다수의 학자와 전문가들은

---

37 이성우, 정성희(2020), p. 9.
38 이영호, "바이든까지 '돌파 감염' ⋯ 미국, 재확산 심각", 『한국경제 TV』 (2022년 07월 22일), https://www.wowtv.co.kr/NewsCenter/News/Read?articleId=A202207220011&t=NN(검색일: 2022. 07. 24).

미국의 국제적 영향력의 급속한 하락과 중국의 급격한 부상을 예상했다. 이때 중국이 후진국을 중심으로 세계 여러 나라에 적극적인 의료지원 정책을 실시하며 이러한 여론에 불을 지폈다. 하지만 패권 장악은 군사력과 경제력이 결합된 국가의 실력이 중요하다. 코로나 19에는 미흡한 대응을 보였을지라도 미국의 경제력은 아직 견고하며, 세계에 제시하는 소프트 파워적 비전이 월등함을 알 수 있다. 이에 중국은 아프리카 대륙 진출 등 다양한 방법을 통해 국제적 이미지 개선을 꾀하는 중이다.[39]

　현재는 협력과 연대가 필수적이다. 이러한 가운데 미·중 패권의 고도 격화는 미·중 디커플링 decoupling 의 현실화라는 문제점을 안고 있다. 이는 말 그대로 중국을 미국 주도의 글로벌 시장 경제체제에서 축출하는 것이다. 토니 블링컨 Antony John Blinken 미국 국무장관은 "블라디미르 푸틴 러시아 대통령의 우크라이나 전쟁이 계속되고 있지만, 국제 질서에 장기적으로 가장 심각하게 도전할 국가는 중

39　이용준, "5장 코로나19 이후 외교안보분야의 신질서", 『한반도선진화재단』 (2020), p. 161.

국이다. 중국은 국제질서를 재편하려는 의도와 이를 위한 경제적, 외교적, 군사적, 기술적 힘을 가진 유일한 국가다. 미국 정부는 이 도전에 초점을 맞출 것이다. 중국은 국제 사회에서 법과 원칙의 혜택을 가장 많이 받은 국가이지만 이를 훼손하고 있다. 중국이 스스로 이를 바꿀 것이라고 기대하기 힘들다. 때문에 개방적이고 포용적인 국제 시스템에 대한 미국의 비전을 발전시키기 위해 베이징에 대한 전략적 환경을 만들어갈 것이다."라고 바이든 정부의 중국 정책에 대해 밝혔다. 실제로 지금 미국은 인도 태평양 경제 프레임 워크IPEF라는 새로운 경제 틀을 만들었고, IPEF 내 동맹국들과 함께 전략 품목의 공급망을 구축하여 필요한 경우 언제든 중국을 위협하겠다는 의도를 드러냈다.[40]

전 세계적으로 안보의 형태가 빠르게 변화하고 있다. 인간안보를 중시하는 모습에서 러시아의 우크라이나 침공 이후 미국을 중심으로 하여 친서방 對 반서방 국가들

40　이장훈, "[글로벌 포커스] 'IPEF와 쿼드'로 중국 포위망 짜는 미국 "팍스 아메리카나 거스를 수 없는 환경 만들겠다는 전략", 『월간중앙』(2022년 06월 17일), http://jmagazine.joins.com/monthly/view/336228(검색일: 2022. 07. 14).

의 긴장이 빠르게 고조되고 있다. 미국을 비롯한 유럽연합EU는 러시아에 강력한 제재를 가했다. 반면 미국과 패권 경쟁 구도에 있던 중국은 오히려 러시아를 옹호하는 모습을 보이며, 산유국들 또한 러시아 배제에는 무관심한 태도를 보였다. 즉, 미·중 무역 갈등으로 부상했던 신냉전 질서가 우크라이나 전쟁을 기점으로 확산되고 있다. 최근에는 이란과 대만 등 국제적으로 첨예한 갈등 중에 있는 국가들까지 등장하며 신냉전으로 인한 긴장과 불안이 고조되고 있다.[41]

신흥 강국이 패권국에 도전하여 이것이 전쟁으로 귀결되는 현상을 '투키디데스의 함정Thucydides Trap'이라 부른다. 과연 '투키디데스의 함정'에 따라 미국과 중국의 갈등은 전쟁으로 이어질 것인가? 앞서 언급했듯, 러시아의 우크라이나 침공은 미·중 간의 무력 투쟁으로의 가능성을 더욱 열어주었다고 생각한다. 이러한 상황 가운데 미국은 경제적인 보복으로 중국에 대응할 것이다. 그리고 대중 수

---

41 권성진, "날로 독해지는 신냉전…이란, 대만 둘러싼 긴장 빠르게 고조," 『아주경제』(2022년 07월 20일), https://www.ajunews.com/view/20220720125821014(검색일: 2022. 07. 22).

입금지 조치나 국제 금융 결제시스템SWIFT에 대한 중국은행의 접근을 제한하는 것은 이러한 보복의 사례가 될 것이다.[42]

VI. 위기 대응을 위한 복합안보 : 글로벌 거버넌스의 확립

인간안보에 대해 살펴봤을 때, 표면적으로 인간안보와 국가안보의 개념은 서로 상충하고 대립하는 것처럼 보인다. 어느 하나를 추구했을 때, 다른 무언가는 소홀해지는 것처럼 여겨지는 것이다.[43] 예를 들어, 국가안보를 위한 군비의 증강으로 국가 예산이 부족해지면, 빈곤, 기아, 질병 등에 투입되는 비용이 줄어들게 되어 다양한 영역에서 인간안보에 위협이 될 수 있다. 그러나 국가 안보가 소홀해져 타국의 무력공격을 받게 되는 것도 생명에 대한 직접적인 침해까지도 발생할 수 있다. 따라서 인간안보와 국가안

---

42   천영우, 『대통령의 외교안보 어젠다 – 한반도 운명 바꿀 5대 과제』(서울: 박영사, 2022), p. 253.
43   김민수, "인간안보의 헌법적 보장과 국가안보와의 조화", 『법학논집』 제21권 제1호(2016), p. 134.

보는 적용영역이 명확한 것도 아니며, 뚜렷하게 경계가 설정되는 것도 아니기에 서로 충돌하는 관계는 아니다. 오히려 인간안보는 국가안보와 보완적 관계로서 같이 추구되어야 하는 가치이다.[44]

특히 인간안보와 국가안보의 조화라는 측면에 있어, 우리나라의 경우를 살펴보자. 현재 동북아시아는 중국의 패권과 일본의 재무장, 러시아의 신동방정책 등이 진행되고 있다. 또한, 러시아의 우크라이나 침공으로 인해 군사적 긴장국면이 고조되고 있으며, 북한의 핵개발과 미사일 발사는 한반도를 잠재적 화약고로 몰아가기도 한다. 이러한 상황에서 언제든지 주변의 강대국과 북한에 의한 무력 공격이 가능할 수 있다는 위기의식은 국가 안보를 최고의 가치로 인정하게 만들었다. 그리고 이러한 인식이 국가 보전에 큰 도움을 준 것도 사실이다.[45]

그러나 국가안보를 위한다는 명분으로 개인의 자유와 생명보장이 침해되지 않도록 국가 권력의 남용을 최소화

44　김민수(2016), p. 135.
45　김민수(2016), p. 154.

할 수 있는 방안을 마련해야만 한다. 국가안보와 인간안보
는 안보의 대상은 다르지만, 결국 인간의 생명이라는 점에
서 비슷하다. 따라서, 현실을 반영하는 국가안보는 인간안
보의 대척점에 있는 것이 아니라 서로 조화롭게 상생하는
관계가 될 수 있다. 국가의 안보가 지켜지는 상황에서만
인간안보의 보장이 가능하고, 인간안보의 보장 등 국민의
생명이 침해되지 않도록 하기 위한 목적으로 국가안보가
요구되기 때문이다. 결국, 인간안보를 실현함에 있어 주체
로서 국가의 존재는 당연한 것이고, 국가와 개인 간의 상
호보완적 관계는 필연적이다.[46]

VII. 결론

현재 국제 사회는 우리 삶을 위협하는 수많은 요소들이
상존하고 있다. 그리고 코로나 19와 같이 예상치 않은 전

---

46   김민수(2016), p. 155.

염병 등이 전 세계의 질서를 뒤흔들어 놓을 수 있는 다양한 국제정치적 문제들은 앞으로도 발생할 것이다. 그렇다면 우리는 어떻게 이러한 위협들에 대응해야 할까? 바로 그 답은 인간안보와 국가안보의 적절한 조화일 것이다. 개개인의 삶을 보호하기 위한 인간안보와, 그 개개인이 살아가는 국가를 지키기 위한 국가안보 둘 중 어느 하나를 선택할 수는 없다. 이 두가지의 안보 방식이 적절히 조화될 때 최대의 '선'을 이룰 것이라고 생각한다.

그러나 강대국 간 패권 경쟁은 국제 질서를 훼손하여 '인간안보'의 보장을 어렵게 만들고 있다. 무력 충돌로 인해 여성과 어린이들이 유린당하는 등 개인안보를 경시하는 모습이나 자국의 이익만을 위해 환경 레짐을 탈퇴하는 등 환경안보를 고려하지 않는 패권국의 모습은 가히 충격적이다. 점차 국제 사회에 발생하는 문제들은 한 국가 내에서 해결하기 어려운 문제들이며, 국경을 넘나드는 월경적 사안들이다. 즉, 전 세계 국가들의 협력과 연대가 필수적이라는 것이다.

　직접적인 구호활동이나 모금활동을 통한 협력과 연대
또한 가치 있는 일이지만, 집합행동에 참여하는 형태로 시
작되는 세계 시민의 개인적인 연대 실천 활동도 좋다. 또
한, 정치인들 간에 최소한의 협력과 연대를 지향하는 모습
은 국제 사회의 진정한 통합을 향한 첫 걸음이 될 것이다.
그린피스, 열대우림 행동 네트워크 등 수많은 국제환경단
체는 국경과 인종을 막론하고 협력과 연대를 통해 세계 곳
곳 지역의 환경을 보호하기 위한 캠페인을 실천하고 있다.
굿네이버스, 월드비전 등의 국제 구호단체는 금전적인 부
분에 있어 상대적으로 여유로운 지역 주민들이 그렇지 못
한 어려움을 겪는 이들을 직접, 간접적으로 도울 수 있게
연결한다.[47] 세계사회포럼, 아시아사회포럼 등의 사회포럼
은 하나의 기구나 단체는 아니지만 주기적인 공론장을 제
공하여 세계 지역 곳곳에 있는 이들이 연대할 수 있도록
돕는다.[48]

---

[47] 백미연, "동북아 연대와 협력의 패러다임 구성", 『동북아역사논총』 제56호
(2017), p. 81.
[48] 백미연(2017), p. 82.

　협력과 연대는 국가안보와 인간안보를 동시에 추구할 수 있는 최소한의 합의된 가치일 것이다. 국가 주권을 인정하면서도, 개개인의 삶의 질을 최대한으로 보장하기 위해 우리 모두는 협력과 연대에 뜻을 두고, 이를 실천하기 위해 개인적인 수준에서부터 노력해야 할 것이다.

참고문헌

신희섭. 『2021 국제정치학 강의』 서울: 학연, 2021.

온창일. 『안보외교론 1』 파주: 지문당, 2012.

정은숙. 『글로벌거버넌스와 국제안보』 파주: 한울아카데미, 2012.

천영우. 『대통령의 외교안보 어젠다 – 한반도 운명 바꿀 5대 과제』, 서울: 박영사, 2022.

김민수. "인간안보의 헌법적 보장과 국가안보와의 조화." 『법학논집』 제21 권 제1호(2016).

김상배. "코로나19와 신흥안보의 복합지정학: 팬데믹의 창발과 세계정치 의 변환." 『동북아역사논총』 제54집 제4호(2020).

백미연. "동북아 연대와 협력의 패러다임 구성." 『동북아역사논총』 제56호 (2017).

이상환. "지속가능성 분쟁과 인간안보: 보건안보를 중심으로." 『정치정보 연구』 제15권 2호(2012).

이성우, 정성희. "국제질서를 흔든 코로나19: 인간안보와 가치연대의 부 상." 『이슈&진단』 제413호(2020).

이신화. "기후변화와 국제정치적 쟁점." 『평화연구』 제16권 제2호(2008).

이용준. "5장 코로나19 이후 외교안보분야의 신질서." 『한반도선진화재단』 (2020).

이태동. "기후변화와 국제정치: 경제, 안보, 개발, 행위자 연구 어젠다." 『국 제정치논총』 제62집 제1호(2022).

이혜정, 박지범. "인간안보: 국제규범의 창안, 변형과 확산." 『국제.지역연 구』 제22권 제1호(2013).

임수진. "환경과 인간안보." 『중남미연구』 제37권 제1호(2018).

전웅. "국가안보와 인간안보." 『국제정치논총』 제44집 제1호(2004).

최동주. "기후변화 시대의 아프리카 식량안보." 『한국아프리카학회지』 (2015).

현인택, 김성한. "인간안보와 한국 외교."『국제관계연구』제5권 제1호 (2001).

권성진. "날로 독해지는 신냉전 … 이란, 대만 둘러싼 긴장 빠르게 고조."『아주경제』(2022년 07월 20일). https://www.ajunews.com/view/20220720125821014(검색일: 2022. 07. 22).

이영호. "바이든까지 '돌파 감염' … 미국, 재확산 심각."『한국경제 TV』(2022년 07월 22일). https://www.wowtv.co.kr/NewsCenter/News/Read?articleId=A202207220011&t=NN(검색일: 2022. 07. 24).

이장훈. "[글로벌 포커스] 'IPEF와 쿼드'로 중국 포위망 짜는 미국 "팍스 아메리카나 거스를 수 없는 환경 만들겠다는 전략".『월간중앙』(2022년 06월 17일). http://jmagazine.joins.com/monthly/view/336228(검색일: 2022. 07. 14).

전성훈. "역대 최강 폭염에 화마까지 … 이상기후 덮친 유럽(종합2보)."『연합뉴스』(2022년 07월 22일). https://www.yna.co.kr/view/AKR20220719169652085?input=1195m(검색일: 2022. 07. 22).

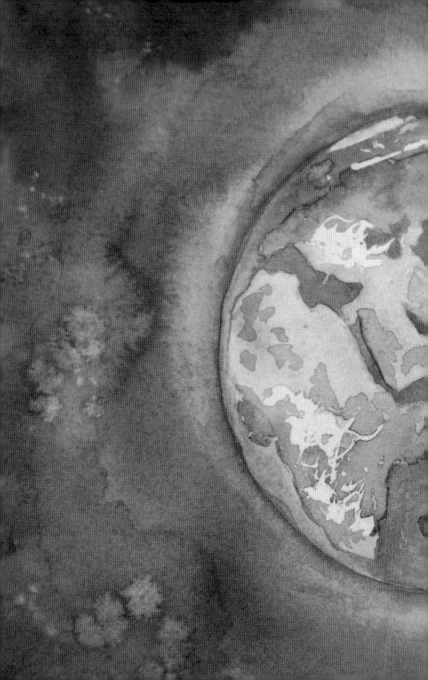

6

기후위기 대응을 위한 평화 담론으로써 민주주의와 탈식민주의

—

한양대학교 정치외교학과 | **이은서**

기후위기 대응을 위한 평화 담론으로써 민주주의와 탈식민주의

—

한양대학교 정치외교학과　이은서

요약문

기후위기로 인한 문제는 인류의 생존을 위협한다는 점에서 전지구적 문제이며 전지구적 해결을 요한다. 그러나 전지구적 해결에 대한 움직임은 좀처럼 성과를 보이지 못하고 있다. 전지구적 협력을 통해 기후위기를 해결하고자 한다면 기후위기는 국제사회의 평화를 구축하고 국가간 협력을 회복하는 하나의 단서로서 역할을 할 수 있다. 본고에서는 평화 담론을 중심으로 하여 기후위기에 평화 담

론을 적용함으로써 두 가지 방안으로써 민주주의의 강화
와 탈식민주의에 기반한 국제체제의 전환을 제시한다. 제
2장에서 평화연구의 개념에 대해 짚어본 뒤, 지속가능한
평화와 생태 평화학에 대해 알아본다. 이어 제3장에서는
기후위기 대응의 방안으로 민주주의의 강화와 더불어 탈
식민주의를 통한 국제 체제 전환의 필요성에 대해 논한다.
민주주의의 강화에 있어서는 기존 민주주의 행태의 한계
와 더불어 민주주의의 강화가 기후위기에 있어서 어떠한
시사점을 주는지 알아본다. 탈식민주의의 경우, 민주주의
강화의 연장선에서 현 국제 체제가 갖는 전지구적 문제해
결의 한계에 대한 대안을 제시한다. 마지막으로 한국의 기
후위기 대응이 국제사회에서 어떤 역할을 해야 하는지에
대해 제안하며 마무리한다.

핵심어   기후위기, 평화, 생태평화, 민주주의, 탈식민주의, 한국

I. 서론

 2016 리우 올림픽 역도에 출전한 데이비드 카토아타우David Katoatau는 경기를 끝낸 뒤 우스꽝스러운 춤을 추며 경기장을 퇴장했다. 카토아타우의 최종 성적은 17명 중 14위였으나 그에게 올림픽 메달은 중요하지 않았다. 그의 춤은 지구온난화로 사라져가는 자국의 안타까운 현실을 전 세계에 알리는 데 그 목표가 있었다. 그의 출신지인 키리바시는 남태평양 적도 부근에 있는 섬나라로, 전체 국토 면적은 약 810km²이며 평균 해발고도는 2m다. 해수면 상승으로 인해 2050년에 키리바시 전체 국토는 물에 잠길 것으로 예측된다. 기후위기로부터 자국을 지켜낼 능력이 없는 국가에서 카토아타우 개인은 직접 나서서라도 국제 사회의 그 심각성을 알리고자 했던 것이다. 한편 기후위기로 인한 위협은 비단 국력이 부족한 약소 국가만의 문제는 아니다. 세계 곳곳은 물론, 한국에서 역시 2022년 장마로

인한 강남 침수 등 각종 재난이 끊이지 않았으며, 기후위기로 인한 위협을 몸소 체감하고 있다.

기후위기로 인한 문제는 인류의 생존을 위협한다는 점에서 전지구적 문제이며 전지구적 해결을 요한다. 그러나 전지구적 해결에 대한 움직임은 좀처럼 성과를 보이지 못하고 있다. '세계평화지수Global Peace Index ; GPI 2022' 보고서에 따르면 세계의 평화 수준은 전년 대비 평균 0.3% 감소되었다는 결과를 보였다.[1] 이는 지난 14년 중 11번째로 감소된 것으로, 평화 수준이 개선되는 국가보다 악화되는 국가의 정도가 더 큰 경향이 있음을 보여준다. 전지구적 협력을 통해 기후위기를 해결하고자 한다면 기후위기는 국제사회의 평화를 구축하고 국가간 협력을 회복하는 하나의 단서로서 역할을 할 수 있다.

본고에서는 평화 담론을 중심으로 하여 기후위기에 평화 담론을 적용함으로써 두 가지 방안으로 민주주의의 강화와 탈식민주의에 기반한 국제 체제 전환을 제시

---

1 Institute for Economics & Peace, "Global Peace Index 2022", Vision Of Humanity at http://visionofhumanity.org/resources(검색일: 2022. 12. 11).

한다. 제2장에서, 평화연구의 개념에 대해 짚어본 뒤, 지속가능한 평화와 생태 평화학에 대해 알아본다. 이어 제3장에서는 기후위기 대응의 방안으로 민주주의의 강화와 더불어 탈식민주의를 통한 국제 체제 전환의 필요성에 대해 논한다. 민주주의의 강화에 있어서는 기존 민주주의 행태의 한계와 더불어 민주주의의 강화가 기후위기에 있어서 어떠한 시사점을 주는지 알아본다. 탈식민주의 경우, 민주주의 강화의 연장선에서 현 국제 체제가 갖는 전지구적 문제해결의 한계에 대한 대안을 제시한다. 마지막으로 결론에서는 한국의 기후위기 대응이 국제사회에서 어떤 역할을 해야 하는지에 대해 제안하며 마무리한다.

II. 평화 담론

기후위기는 지구와 인류에게 돌이킬 수 없는 재앙을 가져오는 것이 분명하다. 그러나 전지구적 협력을 통해 기후위기를 해결하고자 한다면 기후위기는 국제사회의 평화를 구축하고 국가간 협력을 회복하는 하나의 단서로서 역할을 할 수 있다.

평화연구

경제·평화연구소Institute for Economics and Peace; IEP 가 발표한 '세계평화지수Global Peace Index; GPI 2022' 보고서에 따르면 세계 163개국 중 한국이 43위(1.779점)를 차지했다.[2] 평가 항목은 크게 3가지로 사회 안전 및 안보, 진행 중인 국내외 분쟁, 군사화로 분류할 수 있다. 구체적으로 국내외 분쟁, 인근 국가와의 관계, 범죄 인식 수준, 살인범죄

---

2   Institute for Economics & Peace(2022).

수, 정치적 불안정성, 군사비 등으로 총 23가지의 지표를 활용하고, 총 5점 만점으로 숫자가 낮을수록 평화로운 것이다. 주목할 점은 평화의 정도가 감소된 현상은 전지구적으로 이루어지고 있다는 사실이다. GPI에 따르면 세계의 평화 수준은 전년 대비 평균 0.3% 감소되었다는 결과를 보였다. 이는 지난 14년 중 11번째로 감소된 것으로, 평화 수준이 개선되는 국가보다 악화되는 국가의 정도가 더 큰 경향이 있음을 보여준다. 이는 전지구적 협력을 요하는 기후위기 문제에 있어서 걸림돌로 작용할 가능성이 크다.

대표적인 평화학자인 요한 갈퉁 Johan Galtung 은 폭력을 소극적 폭력, 구조적 폭력, 문화적 폭력으로 나누어 보았고 이는 곧 평화 개념으로 이어져 소극적 평화(물리적 평화)와 적극적 평화로 설명할 수 있다. '소극적 평화'란 전쟁을 비롯한 폭력이 없는 상태로, 힘에 의한 질서에 순응하고 침묵하는 형태이다. 이러한 소극적 평화는 와해되기 쉬우며 전쟁 직전의 일시적이고 과도기적인 상태다. '적극적 평화'에는 구조적 평화와 문화적 평화가 포함된다. '구조적 평화'는 정치적 억압, 경제적 불평등, 사회적 차별, 문화적 배제 등을 폐지하고 적절한 제도와 기구로 사회 전체 구성원들의 필요가 충족되어 조화로운 상태를 의미한다. 구조적 폭력의 한 사례로 지글러 Ziegler 의 『왜 세계의 절반은 굶주리는가』를 들 수 있다. '문화적 평화'는 구조적 평화를 자연스럽고 지속가능하게 하는 태도와 관행이 내면화된 상태를 말한다. 한편, 소극적 평화는 구조적 평화와 문화적 평화가 보장되어야만 지속될 수 있으며 그렇지 않을 경우 폭력의 위협으로 인해 쉽게 무너질 수 있다.[3] 갈퉁이 주장한 진정한 평화란, 인간이 자신의 잠재력과 소질을 발휘하는 데 있어서 제도적·관습적 제약이나 차별이 없고, 나아가 보다 더 자아실현을 잘 할 수 있도록 격려해 주고 지원해 주는 상태를 의미한다.

기후변화는 소극적 평화와 적극적 평화 개념을 아우른다. 기후변화로 인한 자연재해는 인간의 생명을 침해할 수

3   서보혁 외, 『평화학과 평화운동』(서울: 모시는사람들, 2015a). p. 24.

있다는 점에서 소극적 평화 개념과 이어진다. 기후변화를 매개로 발생하는 불평등의 문제를 개선하고자 하는 기후정의의 개념은 적극적 평화로 이어진다.

지속가능한 평화

　평화에 대한 소극적 의미만을 강조한 이론은 전통적 안보인 군사적 안보만을 반영했다고 볼 수 있다. 그러나 냉전 시기를 지나오면서 인류는 정치·군사·외교의 전통적 안보 외에도 다양한 안보 위협을 경험적으로 확인했다. 오늘날 안보 개념은 비전통적 영역이라고 일컬어지는 테러, 경제, 사회, 인간/인권, 식량, 에너지, 환경, 그리고 사이버 분야로 확장되고 있으며, 지구화의 진전과 4차 산업혁명 등의 영향을 받고 있다. 비전통 안보문제는 중심범위가 개별 국가에서 지역 및 체제에 걸쳐서 발생하고 지속성과 파급 영향에서도 심각성을 보이고 있으며, 해결도 쉽지 않은 특

징을 가지고 있다.[4]

　이러한 안보 개념의 확장은 평화 개념의 확장으로도 이어진다. 전쟁과 평화는 갈퉁의 평화론을 통해 폭력과 평화로 확장된 바 있다. 그리고 평화는 다시 인간의 생존을 위협하는 확장된 안보와 반대말의 차원에서 이해할 수 있다. 즉, 평화란 확장되는 안보 개념과 함께 발맞추어 확장되고 있는 동적인 개념인 것이다. 또한 평화는 실천적 개념으로 설명가능해야 한다. 전쟁주의, 군국주의를 대체하여 평화주의가 사회에 뿌리내리기 위해서는 평화에 대한 실천적 차원에 대한 설명이 필수적으로 수반되어야 한다.

　한편, 기후위기는 비전통안보 분야 중 하나 정도로 여겨지곤 한다. 그러나 기후위기는 그 복구 및 회복에 있어서 여타 안보 문제들에 비해 심각한 어려움을 수반한다는 점에서 어떠한 안보이슈보다도 집중적인 해결이 시급하다. 다시 말해, 기후변화 현상은 단순한 환경문제의 차원을 뛰어넘어 인류의 안전과 평화 및 복지를 저해하는 안보

---

4 박영택, "비전통 안보문제의 확장과 국제기구의 다자적 기능 평가", 『접경지역통일연구』 4권 2호(2020), pp.139-162.

문제의 측면에서 고려되어야 한다는 것이다. 안보의 관점
에서, 기후위기는 평화연구와 연결점을 갖는다. 자연 공간
에서의 직접적 폭력은 적자 생존, 구조적 폭력은 환경파괴
로, 직접적 평화는 상호 원조와 협력, 구조적 평화는 인간
중심적이지 않은 생태평화로 파악한다.[5]

기후위기에 주목하여, '지속가능한 평화'는 사회·경제
적 측면에서 인간 발전과 지속가능한 발전을 강조한다. 이
러한 평화는 인류의 영구적 평화에 기본 가치를 두고 평
화를 선순환적 구조 속에서 영속적으로 확대, 강화해 가
는 인식과 실천 과정을 뜻한다.[6] 그러므로 평화의 지속 가
능성은 영구적 평화를 실현하기 위해서 평화를 유지, 구
축하여 중간에 단절되거나 파괴되지 않도록 확대해 나가
는 것이다. 이러한 흐름에서 볼 때 지속 가능한 평화는 경
제적인 측면에서의 성장뿐 아니라 사회적 안정과 통합, 그
리고 환경의 보존이 조화를 이루는 발전을 의미하는 지속
가능한 발전과 밀접한 연관성을 가진다. 갈퉁은 인간과 자

---

5   서보혁, "한국 평화연구의 현황과 과제", 『한국과 국제정치』 제31권 제2호
통권 89호(2015b), pp. 115-148.
6   유은미, "지속 가능한 평화를 위한 생태신학적 전망", 『신학전망』 제216호
(2022), pp. 119-152.

연의 상호 작용으로서 개발을 이해하며, 인간 중심주의에 대한 역사적 성찰에 서 출발하여 자연에 대한 이해와 관계 설정에 주목하고, 인간과 자연의 공존을 추구한다. 따라서 갈퉁의 개발 이론을 생태 평화학이라고 부를 수 있다.[7] 생태평화론은 지속 가능한 개발의 내용과 조건을 주요 구성요소로 한다. 지속 가능한 개발의 내용이란 자연과 개발의 관계를 말하고, 조건이란 개발 문제에 대한 민주주의의 개입을 말한다.[8]

III. 민주주의와 탈식민주의를 통한 기후위기 대응

민주주의의 강화

오늘날 세계는 권위주의와 민주주의의 대결구도라고 볼 수 있다. 권위주의로 대표되는 중국의 시진핑과 러시아

---

7 서보혁, "요한 갈퉁의 녹색평화론", 『통일과 평화』 4권 2호(2012), pp. 185-196.

8 서보혁(2015b), pp. 115-148.

의 푸틴 그리고 민주주의로 대표되는 미국과 서유럽이 그 각각의 위치에서 국제질서 내 영향력을 두고 경쟁한다. 한편, 세계는 현재 민주주의를 역행하고 있다. 이코노미스트의 민주주의 지수에 따르면, 전 세계적으로 민주주의 지수는 하락했다.[9] 한편, 오늘날의 민주주의 모델인 참여·숙의민주주의와 이산화탄소 배출량 사이의 관계가 불분명한 것으로 드러난다. 참여민주주의이든 숙의민주주의이든 정책 결정의 효율성을 무한정 보장하는 것은 아니라는 견해이다.[10] 단순히 참여의 증가와 숙의의 심화만을 강조하는 민주주의일 경우, 기후변화 문제에 긍정적으로만 작용하지 않을 수 있다. 따라서 참여민주주의는 정책과정에서 참여의 중요성을 강조하지만 참여의 범위와 규모가 무한 증가될 수 없다는 점에서 한계가 있고, 숙의민주주의 또한 참여를 전제로 숙의과정의 중요성을 강조하지만 숙의의 정도를 조절해야만 효과적인 기후환경 정책 도출이 가능하다.[11]

---

9 Economist Intelligence Unit(EIU), "Democracy Index 2021", The Economist Intelligence Unit(February, 8, 2022), at https://www.eiu.com/n/ (검색일: 2022. 12. 11).

10 김성철, "평화학의 진화: 연원, 계보, 복합화", 『통일과 평화』 제13집 2호 (2021), pp. 5-78.

11 이재현, "지구적 기후변화와 민주주의의 비선형성: 170개국 패널 데이터

그러나 이는 현재의 민주주의 형태에 문제 원인이 있다고 반론해 볼 수 있다. 자유민주주의는 인간 사회의 눈부신 발전을 이끌어왔으나, 기후변화를 비롯한 환경문제에는 제대로 대처를 하지 못하였다.[12] 기후위기의 해결에 있어서 민주주의가 실로 도움이 되는가에 대해서는 권위주의 국가의 환경 정책이 어떻게 시행되는지 살펴봄으로써 그 이해를 도울 수 있다.

권위주의적 환경주의는 민주주의 정부에 비해 정책을 내기까지는 더 잘 할 수 있지만, 실제로 좋은 결과를 내는 데는 딱히 그렇지 못하거나 오히려 더 무능할 가능성이 높다.[13] 관료와 엘리트들이 주도하고 시민 사회 구성원들의 인풋, 모니터링 및 조정이 거의 없는 기후 변화 정책에는 결정적인 단점이 있다. 석탄 사용량에 대해 거짓 자료를 발표했던 중국 지방 정부의 경우나, 친환경적인 줄 알았던 중국의 동아시아 수력 발전소 건설 프로젝트가 강의 생태계를 파괴하고 있는 상황이 그 단점을 잘 드러낸다. 특

를 중심으로", 『국제정치논총』 제59집 3호(2019).

12 홍덕화, "기후불평등에서 체제 전환으로: 기후정의 담론의 확장과 전환 담론의 급진화", 『ECO』 제24권 1호(2020), pp. 7-50.

13 Banyan, "Are dictatorships better than democracies at fighting climate change?", The Econonmis t(September, 21, 2019), at Are dictatorships better than democracies at fighting climate change? | The

히, 중국의 권위주의적 환경주의 모델에 대한 비판은 대중
참여와 국가의 대중동원 그리고 개인 자유에 대한 제한
이 문제가 된다는 것이다.[14]

기후위기가 심각해질수록 에코파시즘과 생태권위주의
가 발호할 가능성은 농후하다.[15] 에코파시즘은 인간이 지
구에서 암적인 존재라는 점에서, 인간 자체를 뺄셈하려는
생태주의를 가장한 파시즘이다. 결국 기후위기 해결은 민
주주의를 없애는 게 아니라, 민주주의를 더 강화하는 방
향으로 나아가야 한다. 기후변화를 전문가들이 해결할 수
없는 문제나 개인의 희생으로 해결될 수 없는 문제로 보는
것이 아니라, 대중들과 국가 간의 새로운 종류의 사회적
계약이라는 협상으로 보아야 한다. 대중들과 민주주의를
건너뛰고 기후위기를 해결하려는 것은 해당 문제의 본질
을 제대로 파악하고 있지 못 하는 것과 다름없다.

기후위기를 국가 및 세계 안보 차원으로 재조명하기 위
해서는 이에 대처하는 각국의 정치적 의지 제고 및 시민

Economist(검색일: 2022. 12. 11).

14   이재영, "중국 권위주의적 환경주의 모델 비판: 중국의 기후변화와 환경 거
버넌스의 한계", 『중국학연구』 제85권 제0호(2018년 08월), pp. 178-218.

15   신승철, "[탈구조주의 철학에서의 기후정의] ⑦ 생태민주주의와 기후
정의", 2022 생태적지혜 미디어(2020년 10월 02일), https://ecosophialab.
c o m / % E D % 8 3 % 8 8 % E A % B 5 % A C % E C % A 1 % B 0 % E C % A 3 %

들의 인식 전환이 중요하다.[16] 같은 맥락에서 그간 대중은 인식 전환을 위한 교육의 대상으로 여겨지곤 했다. 그러나 기후위기는 단지 환경문제가 사회에 어떠한 영향을 미치는가를 규명하는 학문적 노력이나 국제 및 국가의 실천의지에 그 해결을 의존할 수 없다. 환경보전 생활화 및 교육을 통한 대중의 환경의식과 적응력 향상만에 중점을 두는 것이 아니라, 시민사회의 의지와 역량에 대한 사회적 신뢰 및 합의와 더불어 시민사회의 영향력을 관철시킬 만한 사회적 기반이 조성되어야 한다.

로빈 에커슬리 Robyn Eckersl 는 녹색국가론의 배경과 의의를 민주주의 담론으로 정리하였다.[17] 그에 따르면, 녹색국가는 규제의 이념과 민주적 절차가 자유민주주의보다는 생태민주주의에 의해 이루어지는 민주국가라고 할수 있다. 즉 규범적 차원에서, '생태적으로 책임지는 국가성'을 강조한 것이다. 그리고 제도적 차원에서, 존 드라이젝 John Dryzek 은 녹색국가의 심의민주주의와 생태민주주

16 이신화, "기후변화와 국제정치적 쟁점", 『평화연구』 제16 제2호(2008), pp. 30–66.

의의 의의를 적극적으로 실현할 수 있는 구체적 행정제도로 방안을 제시한다. 첫째, 정부와 시장의 질서에서 상당히 자율적인 녹색공론의 장을 확립한다. 둘째, 국가행정에서 녹색 이념을 추구할 수 있는 시민사회의 영향력 확대를 위한 담론제도설계의 개발한다. 셋째, 심의민주주의, 소통민주주의 차원에서 녹색국가를 접근하는 생태민주주의, 녹색민주주의를 들 수 있다.

서구의 자본주의 경제 체제와 다원주의 정치체제로는 기후변화에 미시적 및 점진적으로 대응할 수밖에 없다는 구조적 한계가 지적되면서 생태민주주의를 대안으로 내세울 수 있다. 생태민주주의란 생태민주주의의 관점은 개인이든 공동체이든 어떤 것을 특별히 중요하게 여기는 것이 아니므로 이떤 것도 우위에 설 수 없다. 관계성을 중시하는 입장이므로 구성원 모두가 존중받고 그들의 다양성이 인정되는 개념이다.[18] 생태 민주주의는 정치가 생태적 가치를 우선순위에 두며, 민주적 절차를 통해 환경문제에

---

17 김근세, 조규진, "녹색국가의 유형과 국가기능에 관한 비교연구", 『행정논총』 제53권 제1호(2015), pp. 35-69.

18 김미자, "자유민주주의의 한계와 대안으로서 생태민주주의 : 생태민주주의 관점과 구성요소를 중심으로", 『국제정치연구』 제25집 제1호(2022), pp. 193-215.

접근하여 녹색사회를 구가할 것을 요구한다.[19] 생태적 민주주의는 인간의 사회 체계와 자연 체계 사이의 경계선을 지워버리며, 생태적 문제와 쟁점이슈들은 기존 정부 사법권을 넘어 개별 쟁점이 가지는 규모와 범위, 한계에 맞추기 위한 민주적 활동을 구성해야 한다. 녹색국가는 생태적 책임성, 사회적 연대, 참여민주주의를 지향하는 새로운 거버넌스와 리더십을 만드는 국가다.[20] 생태민주주의의 실현을 위해서는 의사결정주체와 권리주체, 의사결정방법의 적절성, 숙의민주주의 과정의 도입 등 쟁점사안에 관한 고려가 필요하다.

탈식민주의에 기반한 국제 체제 전환

민주주의의 강화에서 더 나아가 한 국가 내의 민주주의와 더불어 국제사회에서의 민주주의 제고로 확장할 필요가 있다. 이는 탈식민주의 관점에서 비롯한 국제 체제의

---

19 김현정 외, "공정전환에 관한 녹색합리주의 및 생태민주주의 담론 연구, 『세계지역연구논총』 제38권 제2호(2020), pp. 29-48.
20 구도완, "발전국가에서 녹색국가로", 『시민과 세계』 제3호(2003), p. 292.

전환을 통해 가능하게 할 수 있다. 앞서 언급한 '생태민주
주의'의 다양성 개념은 탈식민주의에서도 마찬가지로 중
요한 개념이다.

   탈식민주의란 피지배자의 경험과 시각으로 지배세력에
의해 형성 및 유지되는 모든 형태의 위계적이고 차별적인
인식체계, 역사(기록), 질서 및 제도를 비판하고 해체 및 극
복하여 불평등을 해소하고 궁극적으로는 주체성을 회복
하고자 하는 이론, 담론, 그리고 실천운동이다.[21] 이는 복
수의 세계, 복수의 세계관, 복수의 근대성, 복수의 발전모
델이 존재함을 전제로 하는 것이다. 이러한 전제에 기반한
다는 것은, 곧 나의 세계뿐만이 아니라 상대방의 세계를
'평등한' 주체로 인정하는 것이며 다양한 세계, 다양한 역
사, 다양한 문화와 사상이 '동등하게' 공존함을 적극적으
로 수용하는 것이다. 이는 곧 기후위기 문제와도 연계하여
고려할 수 있다. 탈식민주의 이론가들은 주류 담론의 대안
으로서 토착적 지식 – 다원적 사고의 중요성을 강조한다.

---

21   은용수, "혼종 식민성(Hybrid coloniality): 탈식민주의로 바라본 한국의 외
교안보정책", 『국제정치논총』 제60집 제1호(2020), pp. 7-61.

그리고 이러한 원주민들의 포스트휴먼적, 관계론적 세계관을 기성 법-제도 프레임에 포함시킴으로써, 자연과 인간 사이의 구분선을 삭제하고 비인간 생물에게도 인격과 법적 권리를 부여하여 상호돌봄의 윤리가 작동할 수 있도록 시도한다.[22]

현재 기후위기 대응에 대한 국제사회의 협력은 어느 수준에서 이루어지고 있을까? 국가별 연료연소로부터의 탄소배출량 순위에 따르면, 중국이 10,398MtCO2로 압도적 1위를 유지하고 있으며 이어 미국이 4,632MtCO2 2위에 위치해 있다.[23] 국제적인 영향력을 가진 양 강대국이 1, 2위를 차지하고 있음으로써 전지구적인 해결의 움직임은 어렵게 되었다고 볼 수 있다. 중국과 미국을 제외하고 보더라도 탄소배출량 순위에서 3~10위를 차지하고 있는 국가들 중 이란을 제외한 인도, 러시아, 일본, 독일, 한국, 캐나다, 인도네시아, 사우디아라비아, 브라질은 모두 G20에 드는 국가들이다. G20이 강대국 혹은 지역강국이라는 점을

---

22 차태서, "포스트휴먼 시대 행성 정치학의 모색: 코로나19/기후변화 비상사태와 인류세의 정치", 『국제정치연구』 제24집 4호(2022), pp. 31-65.

23 Enerdata, "Research on energy efficiency, CO2 emissions, energy consumption, forecast", at https://www.enerdata.net/(검색일: 2022. 12. 11).

고려했을 때, 전지구적 협력이 필요한 기후위기 문제에 있어서 해당 국가들은 발휘가능한 국제적 영향력에 비해 적극적인 실천행위를 보이지 않고 있다는 점을 알 수 있다.

기후위기와 관련하여 진행된 꾸준한 논쟁은 선진국과 개발도상국 간의 의견 차이다. 특히 오염배출을 둘러싼 산업선진국과 개도국 간 책임공방이 치열한데, 미국은 중국이나 인도 등 개발도상국들이 온실가스 배출규제를 받지 않는 한 교토의정서는 무의미하다고 주장하며 별도의 정책마련을 공언하였다.[24] 한편, 기후위기 해결에 대한 자체역량이 부족한 국가들은 선진국들이 기후위기의 책임을 져야 한다는 선진국책임론을 내세운다.

그러나 문제해결의 심각성과 시급성을 고려한다면 기후위기의 책임 여부를 물을 수 있는 것은 미래세대뿐이다. 기후변화는 인류 전체를 위협하고 있기에 국가별 적절한 대응과 국가 간 협력이 없이 해당 위협을 감소시키는 것은 불가하며, 선진국과 개발도상국으로 나누어 환경오염의 책

---

24   이신화(2008), pp. 30-66.

임을 이유로 해결을 위한 실천을 미루는 것은 더 이상 중요하지 않다. 특히, 현재 기후위기로 발생하는 현세대의 고통은 전조에 불과하며 미래세대에게 있을 재앙의 시작은 바로 현세대에게 있다는 점을 고려하여 지구의 지속가능성에 대한 책임은 모두가 져야 하는 것이다.

한편, 기후변화의 영향은 각국의 적응능력 및 대비 차이에 따라 그 피해의 결과는 큰 차이를 보인다. 왜냐하면 자연재해에 얼마나 신속하고 효과적으로 대처할 수 있는가 하는 정부의 능력이 중요하기 때문이다. 코로나 백신 보급에 있어서 자국이기주의 경향을 보인 것으로 보아, 기후위기 대응에 있어서 취약한 국가의 취약한 계층일수록 그 위기를 고스란히 직면할 수밖에 없게 된다. 또한 기후위기는 그것을 만들어낸 주력 국가에게 책임과 피해가 전달되는 것이 아니라, 기후위기에 미미한 영향을 준 국가에게 더 큰 피해가 발생한다. 결국 문제의 경중 여부는 기후위기로 인한 문제를 해결하고 방어할 수 있는 도시 또는 국가의 능력에 있다. 기후위기로 인한 환경 변화에 똑같이 노출되더라도 대처 능력에 따라서 어느 지역은 대규모 난민 혹은 인명 피해가 발생할 수 있고, 반면 어느 지역은 국민의 삶과 사회 시스템을 지속해나갈 여력을 마련할 수 있는 것이다.

기후위기의 문제에 가장 빠르고 심각하게 노출될 국가는 결국 대응능력이 부족한 약소 국가일 것이다. 그럼에도 불구하고 저개발국가들이 기후위기에 있어서 적극적인 목소리를 내지 못 하는 것은 문제는 기후위기 이슈들이 국제사회에서 다뤄지는 다뤄지는 양태에 있다. 즉, 기후위기는 그저 경쟁적이고 위계적인 국제관계 내 국익간 충돌 혹은 상대적 이득의 문제를 다루는 일의 어려움을 보여주는 또 하나의 이슈 영역 정도로만 취급되어온 것이 현실이다.[25] 앞서 언급했듯이 기후위기는 단지 비전통안보 중 하나 혹은 외교의 하위영역 정도로 취급되어 온 것이다.

통합된 자연세계인 지구 생명권과 국경선으로 분할된

25　　차태서(2022), pp. 31-65.

정치시스템인 베스트팔렌 체제 간의 긴장과 충돌이 지속
적으로 노출되면서, 환경이슈에 있어 기성 국가간 체제의
집단행동에서 문제가 부각되었다.[26] 국제정치에서 다시금
지정학적 현실주의 경향이 강해지면서 국익우선논리와
제로섬 게임논리가 지배하는 국가간 체제가 팽배해졌다.
현 베스트팔렌 질서의는 결국 소수 특권계층과 강대국에
만 혜택을 부여하면서 인류전체를 위한 집단행동에 실패
했다. 기후변화에 효과적으로 대처하기 위해서는 범지구
적 차원에서 실행에 옮길 역량과 정치적 의지를 배가하는
것이 중요한데, 개별 국가들이 자국의 이해관계를 최우선
시하는 현실정치의 한계를 벗어나는 일이 쉽지 않은 실정
이다.

　기후변화의 평화안보의제화는 중국, 인도, 러시아를 비
롯한 대다수 개발도상국의 반대에도 불구하고 기후변화
에 취약한 군소 도서국가, 아프리카 국가, 최빈 개발도상
국 등과 연합하여 영국과 EU가 주도해오고 있다.[27] 영국

26　차태서(2022), pp. 31-65.
27　최원기, "기후변화와 안보에 대한 국제적 논의 동향과 한국의 대응방향",
『주요국제문제분석』 제2013권 9호(2013), pp. 1-18.

과 EU가 기후위기의 안보 의제화 사안에 적극적으로 나
서는 것에는 기후외교 분야에서 주도권을 공고히 하고, 기
후변화에 대한 국제사회의 인식 제고 및 유엔의 협상의
추진 동력을 확보하려는 전략적 의도가 있다. 나아가 국
가 간 발언권의 격차를 무시할 수 없다. 가난한 나라는 대
표단을 파견해서 자신들의 입장을 알리는 것부터 어려움
에 봉착한다. 군소도서국가와 같이 세계시민사회의 지원
을 받는다고 해도 당연하게도 약소 국가의 영향력은 강대
국에 비할 바가 못된다. 그러므로 국내와 글로벌 차원에서
안보와 평화 유지에 위협이 될 수 있는 기후위기 문제에
대한 대응을 위해 다양한 협력의 시도가 있겠지만 국가와
지역 간의 편차가 발생할 것이고 글로벌 차원에서의 합의
와 협력은 쉽지만은 않을 것이다. 따라서 현 질서에서 벗
어나 국가와 지역 간의 이해 관계를 조정할 법적 구속력이
있는 레짐과 더불어 약소 국가의 목소리가 국제문제 해결
에 반영될 수 있도록 하기 위한 체제 전환이 필요하다.

Ⅲ. 결론

본고는 기후위기를 평화 담론에 비추어 살펴보고 그 방안으로 민주주의와 탈식민주의의 개념을 제시하였다. 전체적으로 감소한 국제 평화 수준은 기후위기 해결을 위한 협력에서의 어려움 중 하나이다. 그러나 전지구적 협력을 통해 기후위기를 해결하고자 한다면 기후위기는 국제사회의 평화를 구축하고 국가간 협력을 회복하는 하나의 단서로서 역할을 할 수 있다. 요한 갈통의 폭력 및 평화 개념을 기후위기에 적용하여 안보 개념의 확장의 측면에 살펴보았다. 특히 평화 담론과 기후위기를 연관지어 생태 지속가능한 평화 혹은 생태 평화에 대해 검토해 보았다. 기후위기 해결의 두 가지 방안으로 민주주의의 강화와 탈식민주의에 기반한 국제 체제 전환을 제시하였다. 쇠퇴 양상을 보이는 국제 민주주의 수준을 다시금 회복하고 강화하여 기존 민주주의 행태의 한계를 극복해야 한다. 권위주의 정부의 환경 정책은 기후위기 문제가 해결해야 하는 적극적 평화의 측면을 지운다는 한계를 지닌다. 물론 국가의 환경 정책과 민주주의 간의 상관성에 대한 불명확성은 여전히 존재한다. 다만 중요한 것은 현재의 민주주의로는 기후위기대응이 어렵다는 것이다. 그 대안으로 로빈 에커슬리와 존 드라이젝은 각각의 녹색국가와 민주주의 담론을 제시하였다. 또한 논의들을 아울러 생태민주주의를 대안적 민주주의 형태로 제시하였다. 탈식민주의의 경우, 민주주의 강화의 연장선에서 현 국제 체제가 갖는 전지구적 문제해결의 한계에 대한 대안을 제시한다. 이는 복수의 세계, 복수의 세계관, 복수의 근대성, 복수의 발전모델이 존재함을 전제로 한다. 기후위기에 대한 탈식민주의의 적용은 자연과 인간 사이의 구분선을 삭제하고 비인간 생물에게도 인격과 법적 권리를 부여하여 상호돌봄의 윤리가 작동할 수 있도록 시도한 것이라고 볼 수 있다. 이어 현 강대국 중심의 국제 질서의 한계를 언급하며 전지구적 문제해결을 위한 다자협력을 위해서는 기후변화의 평화안보의제화는 다자협력을 통해 이루어져야 한다고 주장하였다.

한국의 경우, 기후위기에 대한 국제적 대응에 적극적으로 참여하지 않았으며 그 결과 OECD 국가 중 탄소 배출 증가가 가장 빠른 국가로 낙인되어 있다. 그러나 이제는 경제규모, 에너지 소비량, 온실가스배출량 등으로 미루어 볼 때, 보다 많은 책임과 역할을 요구하는 국제사회의 목소리를 외면하기 힘든 상황이며, 기후변화에 보다 적극적이고 능동적으로 대응할 필요가 있다. 따라서 한국의 환경정책과 환경외교 강화전략을 개발시키는 것이 급선무이다. 미중 전략 경쟁의 심화라는 국제환경 속에서 물적자원을 양 강대국만큼 끌어올리기에는 명백한 한계가 있는 상황 아래 한국 외교는 양자택일의 상황에 놓이곤 한다. 선진국과 개도국으로 양분되어 진행되는 지구환경외교에 관한 담론과 제도적 틀 속에서 중간적 위치에 있는 한국으로서는 기후변화에 대한 대응을 경제적 측면에서뿐 아니라 국제사회에 기여하는 관점에서 접근할 필요가 있다. 즉 한국은 기본적으로는 국가 이익 제고를 위해 자국 상황과 입장에 부합하는 정책을 지향하되, 국제사회의 일원으로서 전지구적 과제인 기후위기에 대처할 창의적인 다자외교틀을 제시하고 능동적인 리더십을 함양해야 하는 것이다.

참고문헌

서보혁 외. 『평화학과 평화운동』 서울: 모시는사람들, (2015a).

구도완. "발전국가에서 녹색국가로." 『시민과 세계』 제3호(2003).

김근세, 조규진. "녹색국가의 유형과 국가기능에 관한 비교연구." 『행정논
총』 제53권 제1호(2015).

김미자. "자유민주주의의 한계와 대안으로서 생태민주주의: 생태민주주
의 관점과 구성요소를 중심으로." 『국제정치연구』 제25집 제1호(2022).

김성철. "평화학의 진화: 연원, 계보, 복합화." 『통일과 평화』 제13집 제2호
(2021).

김현정 외. "공정전환에 관한 녹색합리주의 및 생태민주주의 담론 연구."
『세계지역연구논총』 제38권 제2호(2020).

박영택. "비전통 안보문제의 확장과 국제기구의 다자적 기능 평가." 『접경
지역통일연구』 제4권 제2호(2020).

서보혁. "요한 갈퉁의 녹색평화론." 『통일과 평화』 제4권 제2호(2012).

서보혁. "한국 평화연구의 현황과 과제." 『한국과 국제정치』 제31권 제2호
(2015b).

유은미. "지속 가능한 평화를 위한 생태신학적 전망." 『신학전망』 제216호
(2022).

은용수. "혼종 식민성(Hybrid coloniality): 탈식민주의로 바라본 한국의 외
교안보정책" 『국제정치논총』 제60집 제1호(2020).

이신화. "기후변화와 국제정치적 쟁점" 『평화연구』 제16집 제2호(2008).

이재영. "중국 권위주의적 환경주의 모델 비판: 중국의 기후변화와 환경 거
버넌스의 한계." 『중국학연구』 제85권 제0호(2018).

이재현. "지구적 기후변화와 민주주의의 비선형성: 170개국 패널 데이터
를 중심으로." 『국제정치논총』 제59집 제3호(2019).

차태서. "포스트휴먼 시대 행성 정치학의 모색: 코로나19/기후변화 비상사
태와 인류세의 정치." 『국제정치연구』 제24집 제4호(2022).

최원기. "기후변화와 안보에 대한 국제적 논의 동향과 한국의 대응방향." 『주요국제문제분석』 2013권 9호(2013).

홍덕화. "기후불평등에서 체제 전환으로: 기후정의 담론의 확장과 전환 담론의 급진화." 『ECO』 제24권 1호(2020).

신승철. "[탈구조주의 철학에서의 기후정의] ⑦ 생태민주주의와 기후정의." 2022 생태적지혜 미디어(2020년 10월 02일) https://ecosophialab.com/%ED%83%88%EA%B5%AC%EC%A1%B0%EC%A3%BC%EC%9D%98-%EC%B2%A0%ED%95%99%EC%97%90%EC%84%9C%EC%9D%98-%EA%B8%B0%ED%9B%84%EC%A0%95%EC%9D%98-%E2%91%A6-%EC%83%9D%ED%83%9C%EB%AF%BC%EC%A3%BC%EC%A3%BC%EC%9D%98/(검색일: 2022. 12. 11).

Banyan. "Are dictatorships better than democracies at fighting climate change?." The Econonmis t(September, 21, 2019) at Are dictatorships better than democracies at fighting climate change? | The Economist(검색일: 2022. 12. 11).

Economist Intelligence Unit(EIU). "Democracy Index 2021." The Economist Intelligence Unit at https://www.ciu.com/u/(검색일: 2022. 12. 11).

Enerdata. "Research on energy efficiency, CO2 emissions, energy consumption, forecast." Enerdata at https://www.enerdata.net/(검색일: 2022. 12. 11).

Institute for Economics & Peace. "Global Peace Index 2022." Vision Of Humanity(June 2022) at http://visionofhumanity.org/resources(검색일: 2022. 12. 11).

저자 소개

류주연

UN 관련 활동을 시작으로 하여 지속가능개발목표(SDGs)
를 비롯해, 글로벌 수준에서 환경 문제에 접근하는 방식에
관심을 가지기 시작하였다. 이를 기반으로 지속 가능 패션
브랜드에 근무하며 기업 입장에서 환경 문제를 바라보았다.
현재는 여러 기업을 대상으로 하는 ESG 관련 경영 전략 컨
설팅을 진행하고 있다.

김주혜

넷플릭스 다큐멘터리 '우리의 지구', '카우스피라시'를 보고
기후위기를 걱정하게 되었다. 기후위기 해결에 패권국이 어
떤 리더십을 발휘해왔는지 고찰하였다. 현재 선거와 여론,
데이터에 관심을 갖고 한양대학교에서 정치외교학, 인문소

프트웨어, 빅데이터를 공부하고 있다.

한재승

대안적 시각과 국제정치학(IR) 비주류 이론에 대한 관심이 많으며 개발도상국의 발전과 관련된 담론에 학문적 흥미를 갖고 있다.

조수민

안전하고 행복하게 사는 게 목표라 인간안보에 관한 문제에 관심이 많다. 고등학교 2학년때, 갑작스러운 폭우로 인해 동네에 대피명령이 떨어져 집에 못 들어간 적이 있다. 정말 비 때문에 죽을 수 있겠다는 생각이 환경문제의 심각성을 느끼게 하였다.

박지연

"내가 생각하는 정치란 무엇인가"를 주제로 '2022 한양대 정치외교학과 정치학회' 학회장을 맡은 바 있고, 현재 한반도 청년 미래 포럼에서 회원으로 활동 중이다. 인간 안보에 대한 깊은 관심을 기반으로, 다양한 사회이슈를 청년의 어젠다로 설정하여 사회에 연결시키는 정치학도를 꿈꾼다.

이은서

한반도 문제 및 평화 연구에 관심이 크다. 사회통합의 차원에서 남북한 대학생이 서로 교류할 수 있는 장을 마련하고자 통일 및 북한이탈주민을 주제로 한 강연 사업을 다수 진행하기도 했다. 분쟁 국가에서 발생하는 인권문제의 해결과 한반도 평화의 방향성에 대한 연구를 진행하고자 한다.

은용수

잠재된 역능과 얽힘을 통해 소수자-되기(becoming-minority)를 상상하며 글쓰고 이야기한다. 현재 한양대학교 정치외교학과 교수이자, 영국 Routledge 출판사의 "IR Theory and Practice in Asia" 총서 편집장(Editor-in-Chief)을 맡고 있다.

기후, 환경, 그리고 우리

: 정치외교학도들의 이야기

펴낸날 2023년 1월 31일 초판 1쇄

지은이 류주연·김주혜·한재승·조수민·박지연·이은서·은용수 ● **펴낸이** 김우승

펴낸곳 한양대학교출판부 ● **출판등록** 제4-7호(1972.2.29)

주소 서울 성동구 왕십리로 222 ● **전화** 02.2220.1432-4 ● **팩스** 02.2220.1435

홈페이지 press.hanyang.ac.kr ● **이메일** presshy@hanyang.ac.kr

기획·진행 오현숙 ● **표지** 안광일 ● **본문디자인·편집** 김민지 ● **인쇄** 네오프린텍

ISBN 978.89.7218.764.6 (93340)